税理士に相談した場合

「相続税の試算をしたら○○○○円になるので、節税対策をしましょう」

どのアドバイスも、個別の相続対策としては考えられる選択肢です。

しかし、それが不動産オーナーの現状や希望に合ったものとは限らず、その専門家自身の仕事に繋がるアドバイスばかりであるため、相談する専門家により対策の答えが異なるのです。

「不動産と相続」の専門税理士として、不動産オーナーの相続対策で重要なのは枝葉の手法ではなく、「不動産の承継」を前提とした上で、「分割」、「節税」、「納税」の対策を、横断的にバランス良く行うことだと考えています。

本書は、不動産オーナーから数多くの相続対策の相談を受けている税理士が、税金だけではなく、相続全体をみたコーディネートをして、円滑な不動産承継を実現するためのノウハウをまとめた一冊となります。

第1部では、不動産オーナーの税務について必要となる基礎知識を、「売却する場合」「贈与する場合」「相続する場合」の3つのパターンに分けて解説しています。そして、第2部では、賃貸不動産の具体的な承継事例として、7つのケースを詳細に解説しています。

はじめに

「今まで相続対策を誰に依頼したらいいのか分かりませんでした」
　弊所に相続対策の相談に来られた不動産オーナーから、毎回のように聞く言葉です。
　不動産オーナーは、日々様々な専門家からアプローチを受けています。自身の相続対策について一度は専門家に相談したことがあるという方も珍しくないのですが、その際の専門家からのアドバイスが、かえって不動産オーナーを悩ませているようです。

銀行に相談した場合
「借金をして不動産を購入しましょう」
「遺族のために遺言信託をしておきましょう」

ハウスメーカーに相談した場合
「借金をして空いている土地にアパートを建てましょう」

不動産仲介会社に相談した場合
「現状の不動産を売却して、節税効果の高い不動産を購入しましょう」

弁護士に相談した場合
「揉めそうなら遺言を作成しておきましょう」

不動産オーナーの相続&事業承継対策

事例でわかる手法と税務の基本

マルイシ税理士法人

税理士 石渡 芳徳　税理士 藤井 幹久

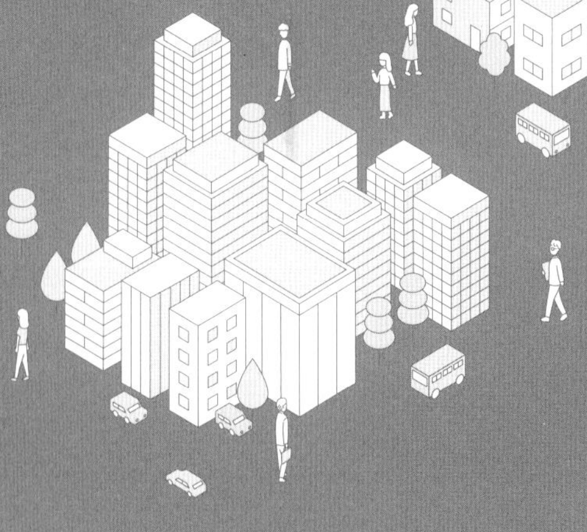

税務経理協会

CONTENTS

第2部 ケース別 賃貸不動産の事業承継方法

CHAPTER 3 賃貸不動産の共有を解消して承継する 83

CHAPTER 7 会社を清算して株式分散リスクを解消する 128

第1部

不動産を売却・贈与・相続するときの税務の基礎知識

CHAPTER 1

売却する場合の税務

1 個人が売却した場合

個人が土地及び建物を売却（譲渡）して譲渡益が発生した場合には、その譲渡益は譲渡所得として申告分離課税とされ、他の所得と区分して一定の税率により課税されます。

譲渡所得に対する所得税・復興特別所得税（本書では所得税と復興特別所得税を合わせて「所得税」とします）・住民税を総称して一般的には「譲渡税」といいます。譲渡所得は所得税の確定申告として、譲渡の日の属する年の翌年2月16日から3月15日までに申告します。

また、個人が消費税の課税事業者に該当する場合には、事業の用に供する建物（賃貸用アパートやマンションなど）の譲渡対価について消費税が課税されます。なお、土地の譲渡対価は消費税が非課税です。個人の消費税は、取引の日の属する年の翌年3月31日までに申告します。

2 譲渡所得の計算方法

譲渡所得の金額は、譲渡に係る収入金額から、取得費と譲渡費用を控除して計算します。

さらに、居住用財産の3,000万円特別控除などの適用がある場合には、この譲渡所得の金額から控除します。

譲渡所得の金額 ＝ 収入金額 － （取得費＋譲渡費用）
課税譲渡所得の金額 ＝ 譲渡所得の金額 － 特別控除
（※） 収入金額は譲渡代金となり、固定資産税・都市計画税の精算金などを含みます。

なお、一定の交換や買換えなどについては、譲渡所得に対する課税を将来に繰り延べる特例がありますが、本書では割愛します。

3 譲渡所得の税率

譲渡所得に対する税率は、譲渡した年の1月1日現在において所有期間が5年以下か、5年を超えるかにより異なります。5年以下は短期譲渡所得の金額、5年超は長期譲渡所得の金額となり、税率は次の表のとおりとなります。

譲渡日の時点では所有期間が5年を超えていても、譲渡年の1月1日の所有期間が5年以下であれば、短期譲渡所得の対象となりますので注意しましょう。

なお、譲渡の日は原則としてその土地及び建物の引渡しの日となりますが、契約の効力発生の日（一般的には売買契約書の締結日）とすることもできます。

<table>
<tr><th>長期・短期の区分</th><th>課税短期譲渡所得</th><th colspan="4">課税長期譲渡所得</th></tr>
<tr><td>譲渡年１月１日の所有期間</td><td>５年以下</td><td colspan="2">５年超</td><td colspan="2">10 年超</td></tr>
<tr><td>一般の譲渡</td><td>39.63％
（所得税
30.63％・
住民税９％）</td><td colspan="2">20.315％
（所得税 15.315％・
住民税５％）</td><td colspan="2"></td></tr>
<tr><td rowspan="2">居住用財産の譲渡(注1)</td><td rowspan="2">39.63％
（所得税
30.63％・
住民税９％）</td><td colspan="2" rowspan="2">20.315％
（所得税 15.315％・
住民税５％）</td><td>6,000 万円以下</td><td>6,000 万円超</td></tr>
<tr><td>14.21％
（所得税
10.21％・
住民税４％）</td><td>20.315％
（所得税
15.315％・
住民税５％）</td></tr>
<tr><td>国又は地方公共団体等に対する土地等の譲渡</td><td>20.315％
（所得税
15.315％・
住民税５％）</td><td>2,000 万円以下</td><td>2,000 万円超</td><td colspan="2" rowspan="3"></td></tr>
<tr><td>特定の民間再開発事業の用に供するための土地等の譲渡(注2)</td><td rowspan="2">39.63％
（所得税
30.63％・
住民税９％）</td><td rowspan="2">14.21％
（所得税
10.21％・
住民税４％）</td><td rowspan="2">20.315％
（所得税
15.315％・
住民税５％）</td></tr>
<tr><td>一団の宅地の造成を行う者に対する都市計画区域内の土地等の譲渡(注3)</td></tr>
</table>

（注１）　その年１月１日における所有期間が 10 年超の居住用財産を譲渡した場合（課税の繰延べの適用を受けたものを除く）

（注２）　地上階数４以上の中高層耐火建築物の建築をすることを目的とする事業を行う者に対する既成市街地等内にある土地等の譲渡で、その事業の施行地区の面積が 1,000 m^2（認定再開発事業の場合は 500 m^2）以上である一定のもの

（注３）　都市計画区域内において 1,000 m^2（市街化区域の場合）以上の一団の宅地造成を行う個人又は法人に対する土地等の譲渡で一定のもの

4 取得費

取得費は、①実額取得費、又は、②概算取得費により計算した金額のうち、いずれか大きい金額を使用することができます。

(1) 実額取得費

土地の場合には、取得価額がそのまま取得費となります。

建物（その建物に附属する設備や構築物を含みます）については、取得価額から償却費相当額を控除した金額が取得費となります。

① 取得価額に含まれるもの

取得価額には、譲渡した土地や建物の購入代金、建築代金、仲介手数料のほかリフォームなどの設備費や改良費なども含まれます。

特にアパートやマンションなどの賃貸用不動産については、購入時の仲介手数料を取得価額に算入せずに必要経費としている誤りが多いため、注意しましょう。

② 償却費相当額の計算

(i) 業務用資産

建物が、アパートやマンションなどの業務用資産の場合の償却費相当額は、その建物について選定している償却方法により計算した償却費の額の累積額となります。すなわち、業務用資産である建物の取得費は、譲渡時における未償却残高となります。

なお、法人の任意償却とは異なり、個人の減価償却は強制償却のため、所有期間中にその建物についての減価償却費を必要経費に算入しているか否かにかかわらず、減価償却したものとして取得費を計算します。

(ii) 非業務用資産

建物が自宅や親族の居宅などの非業務用資産の場合の償却費相当額は、下記の算式により旧定額法に準じて計算した「減価の額」となります。

> 建物の取得価額 × 0.9 × 償却率(注1) × 経過年数(注2)
>
> (注1) 非業務用資産の耐用年数は、業務用資産の1.5倍の年数(1年未満切捨)で計算します。
>
> (注2) 非業務用資産の経過年数を計算する場合、6か月以上の端数は1年とし、6か月未満は切り捨てます。

(2) 概算取得費

購入時の売買契約書や領収書を紛失していて実額取得費を計算することができない場合には、原則として下記の概算取得費により計算することになります。

> 概算取得費 ＝ 収入金額 × 5％

また、かなり昔に土地や建物を取得しており、実額取得費が概算取得費を下回る場合にも概算取得費によることができます。

なお、相続した土地及び建物を譲渡して、取得費の計算において概算取得費を使用した場合には、相続登記の費用を取得費に含めることはできませんので注意しましょう。

(3)　相続・遺贈又は贈与により取得した場合

相続・遺贈又は贈与により取得した資産の取得費は、原則として被相続人や贈与者等（前所有者）の取得費及び取得時期を引き継ぎます。

また、相続又は遺贈により取得した財産にかかる相続税額がある場合で、その相続財産を、相続開始があった日の翌日から、相続税の申告書の提出期限の翌日以後3年を経過するまでの間に譲渡した場合には、相続税の取得費加算の特例を適用することができます（租税特別措置法39条）。

譲渡所得の金額 ＝ 収入金額 －（取得費
＋ 相続税の取得費加算額(※)
＋ 譲渡費用）

↑

資産を譲渡した者の相続税額 × 譲渡資産について相続税の課税価格の計算の基礎に算入された価格 ／（その者の相続税の課税価格 ＋ その者の債務控除額）

（※）　加算額は譲渡益相当額が限度となります。

なお、取得費を概算取得費により計算する場合でも、相続税額の取得費加算の特例を適用することができます。実額取得費に限定した特例ではないため、注意しましょう。

5 購入時の契約書等を紛失した場合

譲渡税の負担を軽減するためには、取得費の計算を実額取得費により行うことがポイントとなります。本来、取得価額は契約書や領収書により当時の支払事実と支払金額を証明しなければなりません。したがって、これらを紛失してしまった場合には、基本的には概算取得費（収入金額×5％）により取得費を計算することになり、譲渡税が多額になります。

しかし、契約書等以外の資料によって取得時の支払事実と支払金額についての証明ができる場合で、税務署にその信憑性が高いと認められたときは、実額取得費により譲渡所得の計算を行うことができます。

契約書等以外の資料により申告をする場合には、主に以下のような資料を複数用意して、税理士が作成した購入状況や計算根拠などを説明した書面を申告書に添付することで認められやすくなると考えられます。しかし、必ず認められるという保証はないため、実額取得費が否認されるリスクについて注意しましょう。

① 購入先や建築先の不動産業者の持っている証明資料等
② 分譲時の価格等が記載されているパンフレット等
③ マンションの管理組合が保存している分譲時の資料
④ 購入代金やローンの入出金のある通帳等
⑤ ローンの金銭消費貸借契約書、償還表等
⑥ 乙欄に抵当権の設定の記載がある登記事項証明書等

なお、上記の他にも、土地については一般財団法人日本不動産研究所の公表による「市街地価格指数」や国土交通省の公表

による「公示価格」など複数の資料を用いて、購入当時の土地価格を推定して計算する方法がありますが、この方法も否認されるリスクが高いため事前に慎重な検討が必要です。

6 譲渡費用

譲渡費用とは「譲渡のために直接要した費用」をいい、主なものは次のとおりです。

① 土地や建物を売るために支払った仲介手数料など
② 印紙税で売主が負担したもの
③ 貸家を売るために借家人に家屋を明け渡してもらうときに支払う立退料
④ 土地などを売るためにその上の建物を取り壊したときの取壊し費用、その建物の損失額
⑤ 測量に要した費用
⑥ 売買契約をした後に、さらに有利な条件で売るため（他へ高い価額で売却をするため）既契約者との契約解除に伴い支払った違約金
⑦ 借地権を売るときに地主の承諾をもらうために支払った名義書換料など

なお、修繕費や固定資産税などその資産の維持や管理のためにかかった費用、売却代金の取立てのための費用などは譲渡費用になりません。

7 損益通算等

土地及び建物に係る譲渡所得の金額の計算上生じた損失の金額（譲渡損）については、同一年中の土地及び建物に係る譲渡所得の金額の計算上生じた所得の金額（譲渡益）と相殺できます（内部通算）。譲渡益が発生した場合、同一年中に含み損のある土地及び建物を売却することで税負担を軽減することができます。

なお、一定の居住用財産の譲渡損失の金額を除き、上記の譲渡損失の金額については土地及び建物の譲渡による所得以外の所得との損益通算はできず、また、翌年以降への繰越控除も認められません。

また、土地及び建物の譲渡による所得以外の所得の金額の計算上損失が生じた場合には、土地及び建物に係る譲渡所得の金額（譲渡益）との損益通算はできません。

8 特別控除

一定の要件を満たす土地及び建物等の譲渡の場合、譲渡所得の金額から特別控除額を控除します。それぞれの特別控除額は、特例ごとの譲渡益が限度となります。

また、特別控除額は、その年の譲渡益の全体を通じて、合計5,000万円が限度となります。特別控除額の控除は、5,000万円に達するまで、下記の①から⑦の特例の順に行います。

種類	特 例	内 容	特別控除額
①	収用等の特別控除	土地収用法、都市計画法などに基づいて資産が収用された場合	5,000 万円
②	居住用財産の特別控除	自己の居住の用に供されている家屋及びその敷地の用に供されている土地等を譲渡した場合	3,000 万円
	空き家の特別控除	被相続人から相続した空き家を譲渡した場合で一定の要件を満たす場合	3,000 万円
③	特定土地区画整理事業等の特別控除	特定土地区画整理事業等により資産が買い取られた場合	2,000 万円
④	特定宅地造成事業等の特別控除	特定住宅地造成事業等により土地等を譲渡した場合で一定の要件を満たす場合	1,500 万円
⑤	平成 21 年・平成 22 年取得土地等の特別控除	平成 21 年・平成 22 年に取得した土地等を譲渡した一定の場合	1,000 万円
⑥	農地保有の合理化等の特別控除	農地保有の合理化などのために土地を売った場合	800 万円
⑦	低未利用土地を譲渡した場合の特別控除	都市計画区域内にある低未利用土地で上物を含めた価額が 500 万円以下のものを譲渡した場合で、一定の要件を満たすもの	100 万円

9 法人が売却した場合

法人は個人とは異なり、所得の発生源泉を区別しないため、法人が所有する土地及び建物を売却した場合、その譲渡益又は譲渡損は、他の利益又は損失と合算して法人税・住民税・事業税が課税されます。

青色申告法人において多額の譲渡損によりその事業年度に損失が生じた場合には、最大で翌事業年度以降10年間、欠損金の繰越控除を適用することができます。

また、法人が消費税の課税事業者に該当する場合には、建物の譲渡対価に消費税が課税されます。なお、土地の譲渡対価は消費税が非課税です。

CHAPTER 2

贈与する場合の税務

1 贈与税とは

贈与税は、個人（贈与者）から、贈与によって財産を受け取った個人（受贈者）に課税されます。

受贈者は、毎年1月1日から12月31日までの1年間に贈与された財産の合計額に対して、贈与税の申告と納税を翌年2月1日から3月15日までの期間に行います。

贈与税の課税制度は「暦年課税」と「相続時精算課税」の2つの制度があり、両方の要件を満たす場合には、これらのうちいずれかを選択することになります。

2 贈与とされる行為

贈与の中には、当事者が贈与に該当すると知らずに行ってしまうものがあります。税務上は次のような行為も贈与に含まれますので、注意してください。

① 金銭の受渡しがなく財産の名義を変更した場合

② 子などの親族の名義で財産を取得した場合

③ 個人の債権者から借入金などの債務の免除を受けた場合

④ 一般的な返済条件に比べて有利な条件により親族などから借入れをした場合

⑤ 時価よりも低い価格で財産を取得した場合

3 暦年課税による贈与

(1) 贈与税の計算

一般的にいわれる「生前贈与」とは、この暦年課税贈与を指していることが多いです。暦年（1月1日から12月31日まで）ごとに下記の方法で贈与税額が計算されます。

課税価格 ＝ 贈与財産価額 － 110万円（基礎控除）
税額 ＝ 課税価格 × 税率 － 控除額
（※） 基礎控除（年間110万円）以内の贈与については、申告と納税の必要はありません。

土地や建物を贈与する場合、その価額は原則として相続税評価額となります。詳細については**CHAPTER 3**の相続する場合を参考にしてください。土地を贈与により取得した場合には、相続により取得した場合とは異なり、小規模宅地等の特例の適用はありません。

暦年課税贈与は超過累進税率により贈与税が計算されますが、適用される税率は2種類あります。贈与する年の1月1日において18歳以上（令和4年3月31日以前の贈与については20歳以上）の者が直系尊属（親や祖父母）から贈与を受けた場合には、税率が優遇されています（この税率を「特例税率」、それ以外の贈与税率を「一般税率」といいます）。

【一般税率】

課税価格（110 万円控除後）	税率	控除額
200 万円以下	10 %	0 円
300 万円以下	15 %	10 万円
400 万円以下	20 %	25 万円
600 万円以下	30 %	65 万円
1,000 万円以下	40 %	125 万円
1.500 万円以下	45 %	175 万円
3.000 万円以下	50 %	250 万円
3.000 万円超	55 %	400 万円

【特例税率】
贈与者が直系尊属、受贈者が 18 歳（20 歳）以上

課税価格（110 万円控除後）	税率	控除額
200 万円以下	10 %	0 円
400 万円以下	15 %	10 万円
600 万円以下	20 %	30 万円
1.000 万円以下	30 %	90 万円
1.500 万円以下	40 %	190 万円
3.000 万円以下	45 %	265 万円
4.500 万円以下	50 %	415 万円
4.500 万円超	55 %	640 万円

⑵ 暦年課税贈与による節税

暦年課税贈与は、早い時期から計画的に進めることで、相続税対策として有効な手段となります。例えば、毎年 100 万円ずつ10年間にわたって暦年課税贈与をした場合には、各年分の贈与は110万円以下のため課税がされることなく財産の移転ができ、将来の相続財産を1,000万円も減らすことができます。

また、贈与税は受贈者ごとに110万円の基礎控除があるため、子だけでなく子の配偶者や孫などできるだけ多くの人に贈与をしていくと、短い期間で贈与による節税効果が得られやすくなります。

なお、相続開始前3年以内に贈与された財産(注)は、相続税の計算上相続財産に加算する「生前贈与加算」の取扱いがあるため、相続開始直前の贈与は原則として相続税対策にはなりません。ただし、この生前贈与加算の対象となるのは「相続又は遺贈により財産を取得した者」に限定されています。したがって、相続の開始が3年以内となる可能性が高い場合には、受贈者を相続人である子ではなく、生前贈与加算の対象とならない孫などにするとよいでしょう。孫への贈与は、一代とばして財産の移転ができるという点からも、相続税対策として有効です。

（注）　令和5年度税制改正

令和9年以降の相続から毎年1年ずつ加算対象年が延長され、令和13年1月1日以降の相続からは相続開始前7年以内の贈与が生前贈与加算の対象となります。ただし、延長された4年間に受けた贈与は、合計100万円まで相続財産に加算されません。

なお、生前贈与加算の対象者には変更がありませんでした。したがって、孫などへの贈与は今後も従来どおりの効果が見込まれます。

(3)　暦年課税贈与の正しい手続き

相続税対策として、長年暦年課税による贈与を行っても、その贈与が適正に行われていなかった場合には、相続税の計算上過去に遡って贈与が無効とされ、被相続人の「名義財産」として相続税が課税される可能性があります。

名義財産の代表でもある「名義預金」とは、預金口座などは子の名前になっていても、実質的な預金者は親であると考えられる預金のことをいいます。税務署が相続税申告の税務調査をする際に、最も注目するポイントがこの名義預金といわれています。

もし毎年行ってきた暦年課税贈与が税務署に名義預金と判断された場合、相続税の計算上過去の贈与はなかったものとして、相続開始時に全て相続財産に加算されることになります。

したがって、名義預金と判定されるリスクを避けるため、税務署に指摘されない正しい手続きで暦年課税贈与を行う必要があります。主なポイントは下記の5つとなります。

①　贈与契約書を作成する

贈与の都度、贈与者と受贈者との間で「贈与契約書」を作成します。贈与とは民法上、「当事者の一方がある財産を無償で相手方に与える意思を表示し、相手方が受諾をすることによって、その効力を生ずる」(民法549条）とされています。贈与契約は口頭でも成立しますが、いつ、誰から誰に対して、いくら贈与したという事実を、相続開始後に見ても分かるように客観的な証拠を残しておきましょう。

贈与契約書には贈与者と受贈者がそれぞれ自署で署名して押印をし、両名の住所や贈与契約書を作成した日付も記載しましょう。さらに公証役場で「確定日付」をもらっておくと万全です。

②　贈与の記録を通帳に残す

贈与者名義の銀行口座から、受贈者名義の銀行口座へ直接振込みで贈与を行い、贈与の記録を通帳に残しておきましょう。

また、この振込による送金の日付と贈与契約書の日付を一致させておくとよいでしょう。

③　預金通帳・印鑑等は子が管理する

贈与を行う場合には、受贈者が自分で管理し自由に使える状態の銀行口座に対して振込みを行うようにしましょう。

また、預金通帳やキャッシュカード、証書、印鑑などは受贈者が保管し、印鑑も贈与者の銀行口座の印鑑とは別のものとする必要があります。

④　110万円超の贈与の場合は申告・納税をする

税務署に対して贈与の実績を明確にするために、あえて年間110万円を超える贈与をして申告及び納税をしておく方法もあります。

例えば、111万円の贈与の場合に贈与税は1,000円となります。

⑤　受贈者の使用実績があるか

受贈者が贈与を受けた金銭を自由に使える状態でないと、贈与の成立を主張するのが難しくなります。

また、贈与を受けた金銭に全く手を付けていないと、自由に使えるものではなかったと疑われる可能性があるため、受贈者が使用した実績があった方がよいと考えられます。

4 相続時精算課税による贈与

(1) 相続時精算課税の概要

相続時精算課税の制度は、最終的な税金の精算を相続時に行う制度です。

贈与時には贈与者ごとに2,500万円までの非課税枠が設けられており、非課税枠の範囲内の贈与については贈与税を課税されません。ただし、相続が開始した際には、今までに相続時精算課税を適用した贈与財産の全てを、贈与時の価額で相続財産に加算して相続税の計算を行います(注)。

相続時精算課税において最も注意しなければならない点として、この制度は一度選択すると撤回ができないという点です。相続時精算課税を選択すると、同一の贈与者からのその後の贈与は全て相続時精算課税の対象となり、暦年課税に戻ることができません。したがって、基礎控除の110万円の非課税枠も使えなくなり(注)、生前贈与による相続財産からの切り離しができなくなることは大きなデメリットとなるため、相続時精算課税の選択は慎重に行うようにしましょう。

(注) 令和5年度税制改正

令和6年以降の相続時精算課税による贈与については、暦年課税とは別途､贈与時の価額から毎年基礎控除として110万円を控除できます。

また、相続財産に加算する際にも、上記の基礎控除を控除した後の残額を加算します。

(2) 適用対象者

相続時精算課税は、暦年課税との選択により、下記の適用対象者に限定して適用できる贈与税の課税制度となります。具体的には、父母や祖父母など上の世代から、子や孫などの下の世代に贈与をする際に検討するものとなります。

① 贈与者

贈与する年の1月1日において60歳以上の者

② 受贈者

次の要件をいずれも満たす者をいいます。贈与者の子や孫で成人している者などが対象となります。

○ 贈与する年の1月1日において18歳以上（令和4年3月31日以前の贈与は20歳以上）であること

○ 贈与者の推定相続人（代襲相続人を含む）である直系卑属であること

(3) 贈与税の計算方法

相続時精算課税を選択した場合の贈与税の計算方法は下記のとおりです。

（贈与財産価額 − 2,500万円）× 20％

相続時精算課税の対象財産には制限はありません。金銭の他、不動産や有価証券などどのような財産の贈与でも適用が可能です。2,500万円の枠内なら贈与の回数に制限もありません。

贈与の額が2,500万円を超えた場合には、超えた部分は一律20％の税率で課税され、その贈与税は「贈与税額控除」により、贈与財産を相続財産に加算して計算された相続税額から控除されます。仮に、その贈与税額が相続税額を上回る場合には還付となります。

(4) 相続時精算課税の手続き

相続時精算課税を選択する受贈者は、贈与を受けた年の翌年の2月1日から3月15日までの間に、税務署に「相続時精算課税選択届出書」を、贈与税の申告書に添付して提出しなければなりません。

なお、この届出書には受贈者の戸籍謄本などを添付する必要があります。

(5) 相続時精算課税による節税

不動産など評価額が高額になる財産を上記の暦年課税により贈与した場合、最大で贈与時の価額の55％に対して贈与税が課税されてしまいます。しかし、相続時精算課税を選択した場合には、2,500万円の非課税枠を超えた部分のみに課税され、その税率は一律20％となります。したがって、不動産を暦年課税よりも低い贈与税の負担で生前に移転することができます。

また、賃貸不動産を贈与した場合には、その不動産から発生する家賃収入などを生前から受贈者（子や孫など）に移すことができ、相続財産の増加を抑制する効果があります。

さらに、相続時精算課税により贈与した財産は、最終的に相続財産に加算されて相続税が計算されますが、加算される価額は「贈与時の相続税評価額」となります。したがって、将来値上がりが見込まれる土地や、株価の上昇が見込まれる不動産管理会社の自社株式などは、価値が低いときに相続時精算課税を利用して承継者に贈与することで、実質的に相続財産の評価額を減額することと同様の効果があります。

(6) 相続時精算課税の注意点

相続時精算課税は、上記のとおり、主に不動産やその購入資金、不動産管理会社の自社株式などの贈与に利用することが多いですが、下記の点も十分に検討してから実行するようにしましょう。

① 相続時の小規模宅地等の特例を考慮する

小規模宅地等の特例は、相続又は遺贈により取得した土地等のみを対象としているため、贈与により取得した土地については適用できません。したがって、土地等については相続時の小規模宅地等の特例の適用有無も考慮した上で、相続時精算課税による贈与を実行するかを検討する必要があります。

② 共有状態を作らないようにする

不動産を贈与する場合には、共有状態を作らないように贈与すべきです。例えば、長男と二男の2人に同一の不動産を2分の1ずつ贈与する場合、それぞれの贈与財産の評価額も2分の1ずつになります。評価額次第では長男も二男も相続時精算課税の非課税枠2,500万円以内となり、贈与税は課税されません。

しかし、贈与税の負担のみを考えて共有状態にした場合、後でこの不動産を運用したり、売却したりする場合には両者の合意がなければ実行することができません。共有者間で仲違いしてしまうと、不動産の有効的な利用ができなくなる可能性があります。

また、不動産管理会社の自社株式についても同様の注意が必要です。会社の意思決定権を行使するには最低でも過半数の持ち株が必要となりますが、贈与により株式が複数人に分散されてしまうと、将来株主の間で経営方針について意見の調整が難しくなり、場合によっては争いの種となってしまうことがあります。

不動産や自社株式の贈与については、将来の承継者の1人に贈与をするのが望ましいでしょう。

③　贈与税以外のコストに注意する

相続時精算課税を利用して不動産を贈与する場合で、贈与する不動産の評価額が2,500万円以下のときは、贈与税は課税されませんが、不動産取得税や登記費用などはかかります。これらを事前にコストとして認識しておく必要があります。

CHAPTER 3

相続する場合の税務

1 相続税の概要

相続税は、個人の死亡により、財産を相続又は遺贈により取得した個人に対して課税されます。基礎控除額を超える相続財産を取得した場合、被相続人が死亡したことを知った日の翌日から 10 か月以内に、被相続人の住所地の所轄税務署に相続税を申告して納税する義務があります。

2 相続開始後のスケジュール

相続発生後のおおまかなスケジュールは下記のとおりです。

順序	項目及び時期	内　容
1	法定相続人の確定 財産債務の調査	法定相続人を確定し、遺言書の有無を確認します。また、被相続人の財産及び債務のリストアップをします。
2	相続放棄・限定承認 相続開始を知った日から3か月以内に家庭裁判所に申述	**【相続放棄】** 相続人が被相続人の財産及び債務について一切の財産を受け入れない場合、相続放棄の手続きを行います。一般的には、被相続人の負債がプラスの財産よりも多い場合などに行います。 **【限定承認】** プラスの財産を限度として負債を承継することを限定承認といいます。被相続人の負債がいくらかすぐに分からない場合などに行います。

3	所得税の準確定申告 相続開始を知った日の翌日から4か月以内に、被相続人の住所地の所轄税務署に提出	不動産所得などの所得税の確定申告は、通常は翌年3月15日までに行います。 しかし、個人が死亡した場合、相続人全員が被相続人のその年の1月1日から死亡の日までの期間の所得について確定申告をしなければなりません。これを準確定申告といいます。 被相続人が賃貸不動産のオーナーである場合、基本的には不動産所得の準確定申告が必要になります。被相続人が青色申告をしていた場合、相続人についても青色申告の承認申請を行うことなどについても注意しましょう。
4	相続税の申告・納付 相続開始を知った日の翌日から10か月以内に、被相続人の住所地の所轄税務署に提出	遺産分割が確定していないと適用できない特例があるため、遺言書がない場合には申告期限までに相続人間で遺産分割協議が合意に至っていることが望ましいです。 通常の現金納付をする場合には、この期限までに納税する必要があります。延納や物納をする場合にも、申告期限までに申請書を提出しなければなりません。
5	遺留分侵害額請求 相続開始及び遺留分を侵害する遺贈や贈与があったことを知った日から1年以内に申出	遺言書に基づいて遺留分に満たない財産しか取得できなかった法定相続人は、遺留分を侵害した他の相続人等に対して、1年以内に「遺留分侵害額請求」をすることができます。 **【遺留分割合】** ・通常の場合の遺留分割合 …被相続人の財産の1/2 ・相続人が直系尊属のみの場合の遺留分割合 …被相続人の財産の1/3 （※）　被相続人の兄弟姉妹には遺留分がありません。

6	相続税・譲渡税の特例を適用するための期限 相続開始を知った日の翌日から3年10か月以内	**【相続税の申告内容の訂正】** 「配偶者の税額軽減」や「小規模宅地等の特例」については、遺産分割が完了していることが要件となっているため、申告期限（10か月）までに協議が整っていない場合には、これらの適用ができない内容の申告となります。 その後3年以内に遺産分割が完了した場合、特例を適用する内容の申告に訂正することができます（分割が行われた日の翌日から4か月以内に更正の請求）。 **【相続税額の取得費加算】** 相続財産を譲渡した場合の譲渡所得の計算において、相続税額を取得費に加算できる特例は、相続税の申告期限から3年以内に譲渡されることが要件となっています。

3 相続税の計算の概要

(1) 各人の課税価格の計算

相続又は遺贈などにより財産を取得した者ごとに、課税価格を次のように計算します。

> 本来の相続財産 ＋ みなし相続財産 － 非課税財産の価格 ＋ 相続時精算課税に係る贈与財産の価格 － 債務・葬式費用 ＝ 純資産価額

> 純資産価額 ＋ 相続開始前3年以内の贈与財産の価格 ＝ 各人の課税価格（1,000円未満切捨）

①　主な本来の相続財産の例

○土地（借地権を含む）

自宅の敷地、アパートやマンションの敷地、駐車場用地、貸地（底地）、区分マンションの敷地権、空き地など

○家屋

自宅の建物、アパートやマンションの建物、区分マンションの建物部分など

○株式

上場株式、投資信託、自社株式（不動産管理会社などの株式）など

○預貯金

○現金

○金銭債権

アパートなどに係る未収家賃（滞納分）、不動産管理会社に対する貸付金など

○貴金属・宝石

○書画・骨とう

○自動車

②　主なみなし相続財産の例

○死亡による生命保険金など

○死亡による退職手当金など

みなし相続財産は、民法では相続により取得した財産ではないため遺産分割協議の対象ではありませんが、相続税の計算上は課税対象とされています。

③　主な債務控除の対象となる債務の例

○自宅やアパートなどに関する借入金のうち、相続人等が承継するもの

○アパートやマンションなどの預り敷金、預り保証金

○未払いの固定資産税、住民税などの租税公課

○準確定申告に係る所得税及び消費税

(2)　課税遺産総額の計算

①　上記(1)で計算した各人の課税価格を合計して、課税価格の合計額を計算します。

②　課税価格の合計額から基礎控除額を差し引いて、課税される遺産の総額を計算します。

各相続人の課税価格の合計 ＝ 課税価格の合計額

課税価格の合計額 － 基礎控除額（3,000 万円 ＋ 600 万円 × 法定相続人の数） ＝ 課税遺産総額

(3)　相続税の総額の計算

①　課税遺産総額を法定相続分で按分し、各法定相続人の相続税額を計算します。

②　各法定相続人の相続税額を合計して、相続税の総額を計算します。

課税遺産総額 × 法定相続分 × 税率－控除額
＝ 各法定相続人の相続税額
各法定相続人の相続税額の合計
＝ 相続税の総額

【相続税の速算表（平成 27 年 1 月 1 日以後の場合）】

法定相続分に応ずる取得金額	税率	控除額
1,000 万円以下	10 %	—
3,000 万円以下	15 %	50 万円
5,000 万円以下	20 %	200 万円
1 億円以下	30 %	700 万円
2 億円以下	40 %	1,700 万円
3 億円以下	45 %	2,700 万円
6 億円以下	50 %	4,200 万円
6 億円超	55 %	7,200 万円

(4)　各相続人等の相続税額の計算

上記(3)で計算した相続税の総額を、財産を取得した相続人等の課税価格に応じて按分して、財産を取得した相続人等ごとの税額を計算します。

相続税の総額 × 各人の課税価格 ÷ 課税価格の合計額
＝ 各相続人等の税額

(5) 各相続人等の納付税額の算出

上記(4)で計算した各相続人等の税額から、各種の税額控除額を差し引いた額が各相続人等の納付税額になります。

ただし、財産を取得した者が被相続人の一親等の血族（代襲相続人である孫を含みます）及び配偶者以外の者である場合には、「相続税額の２割加算」の対象となり、税額控除額を差し引く前の相続税額に、その20％相当額を加算した後、税額控除額を差し引いて計算します。

各相続人等の税額 ＋ 相続税額の２割加算 － 贈与税額控除
－ 未成年者控除 － 相次相続控除 － 配偶者の税額軽減
－ 障害者控除 － 外国税額控除
＝ 各相続人等の納付税額

4 法定相続人と法定相続分

(1) 法定相続人と法定相続分の考え方

法定相続人は民法で定められており、配偶者と一定の血族からなります。配偶者については必ず法定相続人となります。血族相続人については相続順位が規定されおり、順位の異なる血族相続人が共同して相続することはありません。上の順位の血族相続人が不在の場合には、次の順位の血族相続人へ移ることになります。

相続順位	血族相続人
第１順位	子 {代襲相続人（孫、曽孫など）を含む}
第２順位	直系尊属 {父母、祖父母など}
第３順位	兄弟姉妹 {代襲相続人（甥、姪）を含む}

また、法定相続分は下記のとおりとなり、同じ相続順位の法定相続人が複数いる場合には、法定相続分を人数で割ります。

法定相続人	法定相続分の割合			
	配偶者	子	直系尊属	兄弟姉妹
配偶者と子	1/2	1/2		
配偶者と直系尊属	2/3		1/3	
配偶者と兄弟姉妹	3/4			1/4

(2) 養子がいる場合

被相続人の養子も法定相続人に該当するため、実子と同様に財産を相続する権利を有します。しかし、相続税の基礎控除額などの計算においては、原則として、次の区分に応じて法定相続人の数に算入する養子の数が制限されるため注意してください。

○　被相続人に実子がいる場合　１人

○　被相続人に実子がいない場合　２人

（※）特別養子縁組や配偶者の連れ子など特別な養子縁組の場合を除きます。

5 土地の相続税評価額

(1) 土地の評価の基本

相続財産の評価は、原則として時価によります。特殊な場合を除き、一般的には国税庁の定める「財産評価基本通達」に従って相続財産の評価を行います。

宅地（以下、借地権など「宅地の上に存する権利」を含みます）の評価は「路線価」を基に計算されます。路線価の定められていない地域では、固定資産税評価額に一定の倍率を乗じて求めます。宅地の評価に当たり、地積については課税時期における実際の地積によります。

また、宅地の場合、登記簿上の筆ごとではなく、利用単位となっている1画地の宅地ごとに評価します。この利用単位は、自用地、借地権、貸宅地又は貸家建付地などに区分されます。

① **路線価方式**……市街地的形態を形成する地域にある宅地

路線価 × 画地調整率 × 地積

② **倍率方式**……上記①以外の宅地

固定資産税評価額 × 倍率

路線価方式は、その宅地の面する道路につけられた路線価を基に、奥行価格補正率等の画地調整率を掛けて評価する方式です。路線価は基本的に毎年7月1日に公表され、その価額は公示価額の80％の水準になるように調整されています。奥行価格補正率等の詳細な解説については、本書では割愛します。

路線価の定められていない地域では倍率方式により、固定資産税評価額に地域ごとに定められた倍率をかけて評価します。

(2) 自用地

自宅の敷地、空地、青空駐車場など、土地に権利や制限がない宅地を自用地といいます。

自用地については、所在する地域に応じて路線価方式又は倍率方式で評価します。

(3) 借地権

借地権とは、借地借家法に規定する建物の所有を目的とする地上権及び賃借権をいい、宅地を利用する権利をいいます。他人の宅地を賃貸借で借り受けている場合が該当します。

借地権はその存続期間が保証され、期間満了時には原則として賃借期間の更新が認められています。また、建物の譲渡に伴い、その借地権も有償で譲渡されることとなります。

借地権の評価額は、自用地評価額に借地権割合をかけて計算します。

借地権の評価額 ＝ 自用地としての価額 × 借地権割合

借地権割合はその所在地によってその割合が定められており、60 %又は 70 %の地域が多くなっています。

(4) 貸宅地

借地権の目的となっている宅地を貸宅地（底地）といいます。

自己所有の宅地を他人に賃貸借で貸し付けている場合が該当します。

貸宅地の評価額は、自用地評価額から上記の借地権相当額を控除して計算します。

自用地としての価額 ×（1 － 借地権割合）

(5) 貸家建付地

貸家建付地とは、貸家の敷地の用に供されている宅地をいいます。宅地の所有者が、その宅地の上にあるアパート、マンション、貸しビルなど自己所有の家屋を賃貸している場合が該当します。

貸家建付地の評価は、自用地評価額から一定の評価減を行って計算します。一定の評価減は、自用地評価額に借地権割合と借家権割合を乗じた割合となり、借家権割合は全国一律で30％となっています。

自用地としての価額 ×（1 － 借地権割合 × 借家権割合）

なお、その宅地の上にあるアパートやマンションなどが各独立部分がある家屋であり、その一部に賃貸していない部分がある場合には、さらに下記のとおり賃貸割合を乗じて評価減の計算をします。

自用地としての価額

×（1 － 借地権割合 × 借家権割合 × 賃貸割合(※)）

（※） 賃貸割合は、下記の算式により計算した割合となります。

$$\text{賃貸割合} = \frac{\text{Aのうち課税時期において賃貸されている各独立部分の床面積の割合}}{\text{その家屋の各独立部分の床面積の合計（A）}}$$

6 家屋の相続税評価額

(1) 自用家屋

家屋の評価は、固定資産税評価額を基に計算します。

固定資産税評価額 × 倍率(1.0)

なお、家屋の固定資産税評価額は、新築の場合には建築費用の 50～70 %程度が評価額の目安といわれています。

(2) 貸家

家屋を賃貸している場合の貸家の評価については、借家権割合（通常 30 %）の減額をして計算します。

自用家屋の価額 ×（1 － 借家権割合）

なお、アパートやマンションなどの各独立部分がある家屋で、その一部に賃貸していない部分がある場合には、さらに下記のとおり賃貸割合を乗じて評価減の計算をします。

自用家屋の価額 ×（1 − 借家権割合 × 賃貸割合（※））
（※） 賃貸割合は、貸家建付地を参照してください。

7 小規模宅地等の特例

(1) 貸付事業用宅地等

被相続人が貸付事業の用に供している宅地等で一定の要件を満たすものについては、「小規模宅地等の特例」の適用があり、「貸付事業用宅地等」として 200 m^2 までの部分につき評価額の50％を減額することができます。貸付事業に係る宅地等が対象となるため、駐車場用地、貸宅地、アパートやマンションの敷地など、不動産賃貸業に関連する宅地等が特例の対象となります。

小規模宅地等の特例（被相続人の貸付事業用宅地等）に該当するための具体的な要件は下記のとおりです。

① 相続又は遺贈により宅地等を取得した親族が、相続税の申告期限までに被相続人の貸付事業を引き継ぐこと
② 上記の取得した宅地等を相続税の申告期限まで引き続き所有し、かつ、承継した貸付事業をその申告期限まで営んでいること
（※） 貸付事業には事業（所得税法におけるいわゆる5棟10室基準などの事業的規模）と称するに至らない不動産の貸付けも含まれます。

なお、遺産分割が完了していない宅地等（未分割の宅地等）については、この小規模宅地等の特例の適用はありません。ただし、その分割されていない宅地等が次のいずれかに該当する場合には、この特例を適用することができます。未分割の状態で期限内に当初の申告書を提出する場合には、「申告期限後3年以内の分割見込書」を添付して提出しておきましょう。

① 相続税の申告期限から3年以内に分割された場合

② 上記①の期間内に分割されないことが、相続又は遺贈に関する訴えの提起がされているなどやむを得ない事情によるものであって、そのことについて所轄税務署長の承認（相続税の申告期限後3年を経過する日の翌日から2か月を経過する日までに申請することを要します）を受け、かつ、分割できることとなった日の翌日から4か月以内に分割された場合

⑵　相続開始前3年以内の貸付事業の適用除外

上記⑴の要件に追加して、平成30年4月1日以降の相続では、相続開始前3年以内に新たに貸付事業の用に供されていた宅地等については、貸付事業用宅地等の適用対象から除外されます。

ただし、相続開始の日まで3年を超えて引き続き「特定貸付事業」（貸付事業のうち準事業以外のものをいい、いわゆる事業的規模での貸付事業を意味します）を行っていた被相続人等の貸付事業の用に供されたものは、全て貸付事業用宅地等の適用対象とすることができます（租税特別措置法施行令40条の2第16項）。

被相続人が貸付事業を事業的規模で行っていたのかどうかにより、対象となる宅地等の範囲が異なるため注意する必要があります。

なお、経過措置として、平成30年3月31日以前から貸付事業の用に供されている宅地等については、全て貸付事業用宅地等の適用対象となります。

(3) 主な小規模宅地等の特例の要件のまとめ

小規模宅地等の特例については、貸付事業用宅地等以外にも、相続開始前に被相続人が居住の用に供するなどしていた場合の特定居住用宅地等、被相続人が不動産貸付事業以外の事業の用に供するなどしていた場合の特定事業用宅地等などがあります。

これらも含めた主な小規模宅地等の特例の要件をまとめると、下記の表のとおりとなります。

区分	相続又は遺贈により取得した親族の要件	限度面積	減額割合
特定居住用宅地等	①～⑤のいずれかに該当する場合(注1) **【被相続人の居住の用に供されていた場合】** ① 被相続人の配偶者が取得した場合 ② 被相続人と同居していた親族が取得し、申告期限まで引き続き居住している場合(注2) ③ 被相続人に配偶者及び同居していた法定相続人がいない場合、相続開始前3年以内に本人又は本人の配偶者の所有する家屋に居住したことがない親族が取得した場合(注2)(※1) **【被相続人と生計を一にする親族の居住の用に供されていた場合】** ④ 被相続人の配偶者が取得した場合	330 m^2	80％

	⑤　被相続人と生計を一にしていた親族が取得し、相続開始前から申告期限まで自己の居住の用に供している場合(注2)		
特定事業用宅地等	①又は②のいずれかに該当する場合(注1、2)(※2) ①　被相続人の事業の用に供されていた場合で、被相続人の事業(※)を引継ぎ、申告期限まで引き続きその事業を営んでいる親族が取得した場合 ②　被相続人と生計を一にしていた親族の事業(※)の用に供されていた場合で、取得者が相続開始前から申告期限まで引き続きその事業を営んでいる場合 （※）　事業からは不動産貸付事業等を除きます。	400 m^2	80 %
貸付事業用宅地等	①又は②のいずれかに該当する場合(注1、2)(※3) ①　被相続人の不動産貸付事業の用に供されていた宅地等で、被相続人の不動産貸付事業を引き継ぎ、申告期限まで引き続き貸付事業を営んでいる親族が取得している場合 ②　被相続人と生計を一にする親族の不動産貸付事業の用に供されていた宅地等で、その生計を一にする親族が取得し、相続開始前から申告期限まで引き続きその自己の貸付事業を営んでいる場合	200 m^2	50 %

(注 1)　相続税の申告期限までに遺産分割が完了していない宅地等については、原則として小規模宅地等の特例の適用はありません。

(注 2)　上記軽減の適用を受けるには、相続税の申告期限までその宅地等を所有している必要があります。

(※ 1)　平成 30 年 4 月 1 日以降の相続からは、次の者が除かれます。

①　相続開始前 3 年以内に、その者の 3 親等内の親族又はその者と特別の関係のある法人が所有する国内にある家屋に居住したことがある者

②　相続開始時において居住の用に供していた家屋を、過去に所有してい

たことがある者

（※2）　平成31年4月1日以降の相続から、相続開始前3年以内に事業の用に供された宅地等（ただしその宅地等の上で事業の用に供されている減価償却資産の価額が、その宅地等の相続時の価額の15％以上である場合や、平成31年4月1日以前から事業の用に供されている宅地等は除きます）は適用できません。

（※3）　平成30年4月1日以降の相続から、相続開始前3年以内に貸付事業の用に供された宅地等（ただし、相続開始前3年を超えて事業的規模で貸付事業を行っている者が当該貸付事業の用に供しているものや、平成30年4月1日以前から貸付事業の用に供されている宅地等は除きます）は適用できません。

(4)　限度面積の調整計算

小規模宅地等の特例の要件を満たす宅地等が複数ある場合には、限度面積について一定の調整計算が必要になります。

特定居住用宅地等、特定事業用宅地等、貸付事業用宅地等の特例ごとに定められている減額割合は一定であるため、減額できる金額は土地の1 m^2当たりの単価が高い方が大きくなります。したがって、対象となる宅地等が複数ある場合には単価の高い土地から優先して適用することにより、相続税の負担を軽減することができます。

①　特定事業用宅地等又は特定居住用宅地等と、貸付事業用宅地等を調整計算する場合には、次の算式による面積を限度とします。

$$(A) \times \frac{200}{400} + (B) \times \frac{200}{330} + (C) \leqq 200\,m^2$$

(A)…選択特例対象宅地等である特定事業用等宅地等の面積の合計

(B)…選択特例対象宅地等である特定居住用宅地等の

面積の合計
(C)…選択特例対象宅地等である貸付事業用宅地等の
面積の合計

② 特定事業用宅地等と特定居住用宅地等のみを併用する場合には、それぞれ以下の面積を限度とします。

(i) 特定事業用宅地等…400 m^2

(ii) 特定居住用宅地等…330 m^2

8 自社株式の評価方法の概要

不動産管理会社の株式（以下「自社株式」とします）を所有する個人株主に相続が開始した場合には、その自社株式は相続税の課税対象となります。

相続開始時において借入金もなく、キャッシュが蓄積されている不動産所有会社においては、その株価も高くなり、自社株式を相続する相続人に高額な相続税がかかることがあります。

(1) 自社株式の評価方法の概要

自社株式は、税務上「取引相場のない株式」（上場株式及び気配相場等のある株式以外の株式をいいます）に該当します。

自社株式の評価に当たっては、まず、自社株式を取得した者がその会社の支配権を有する同族株主であるのか、支配権を有しない少数株主であるのかを判定します。

支配権を有する同族株主である場合には、その株式は原則的評価方式によって評価され、少数株主である場合には、特例的評価方式によって評価されます。次に、自社株式の発行会社の規模が大会社であるか、中会社であるか、小会社であるかの区分に応じてその株式の評価額を求めます。

(2) 同族株主の有無による判定

自社株式の評価については、同族株主がいる会社であるか、同族株主がいない会社であるかで評価方式の判定が異なります。一般的に同族株主とは、大株主とその親族が該当します。不動産管理会社は親族で株式の大半を所有していることが多く、同族株主のいる会社に該当する可能性が高いです。

同族株主とは、課税時期における評価会社の株式のうち、株主の1人及びその同族関係者(※)の有する議決権の合計数が、その会社の議決権総数の30％（50％超のグループがある場合には50％超）以上である場合における、その株主及びその同族関係者をいいます。

（※） 同族関係者とは、親族（配偶者、6親等内の血族、3親等内の姻族）、その他「特殊関係のある個人（内縁関係者、個人の使用人、生活援助をしている者など）及び法人（株主等の1人などが過半数の議決権を有する法人など）」をいいます。

(3) 原則的評価方式

同族株主が取得した株式は原則的評価方式により評価しますが、次に「一般の評価会社」に該当するか、「特定の評価会社」に該当するかを判断します。

特定の評価会社に該当した場合には、会社の規模にかかわらず、特定の評価会社につき定められた評価方式で評価します。

① 一般の評価会社

(i) 会社規模の区分

同族株主が所有する自社株式については、その株式の発行会社を次の判定基準により「大会社」、「中会社」、「小会社」の3つに区分して、その会社の規模により異なる評価方式を採ることにしています。

(a) 従業員数(※)70人以上の会社は常に大会社とします。

(b) 従業員数(※)70人未満の会社は、その会社の業種により、次の3つの項目から大会社、中会社、小会社に区分され、さらに中会社の中でも大、中、小に区分されますが、詳細については割愛します。

- 直前期末以前1年間における取引金額（収入金額）
- 直前期末の総資産価額（帳簿価額）
- 従業員数(※)

(※) 直前期末以前1年間における従業員数

(ii) 一般の評価会社の規模区分ごとの評価方式

上記の判定基準により、大会社、中会社、小会社に区分された株式の評価額は、それぞれの区分に従い下記の算式により算定されます。

【同族株主が取得した株式の評価方式】

会社規模区分		評価方式	
大会社		原則	類似業種比準価額
		選択	1株当たりの純資産価額(注2)
中会社	大	原則	類似業種比準価額×0.90＋1株当たりの純資産価額(注1)×0.10
		選択	1株当たりの純資産価額(注2)×0.9＋1株当たりの純資産価額(注1)×0.10

	中	原則	類似業種比準価額×0.75＋1株当たりの純資産価額(注1)×0.25
		選択	1株当たりの純資産価額(注2)×0.75＋1株当たりの純資産価額(注1)×0.25
	小	原則	類似業種比準価額×0.60＋1株当たりの純資産価額(注1)×0.40
		選択	1株当たりの純資産価額(注2)×0.60＋1株当たりの純資産価額(注1)×0.40
小会社		原則	1株当たりの純資産価額(注1)
		選択	類似業種比準価額×0.50＋1株当たりの純資産価額(注1)×0.50

（注1）　議決権割合が50％以下の同族株主グループに属する株主は、その80％で評価します。

（注2）（注1)のような80％で評価をすることはありません。

ⅲ　計算方法

⒜　類似業種比準価額

取引相場のない株式のうち、比較的規模の大きな会社については、その会社の事業内容と類似する上場会社の株価に、3つの比準要素の比準割合などを乗じて計算します。

類似業種比準価額は、まず1株当たりの資本金等の額を50円とした場合の下記の数値を計算（調査）し、算式に当てはめて算定します。

【算式】

類似業種比準価額 ＝ A(類似業種の株価) × 比準割合 × 斟酌率

（※1）　比準割合 ＝ $\dfrac{\dfrac{b\,\text{配当}}{B\,\text{配当}} + \dfrac{c\,\text{利益}}{C\,\text{利益}} + \dfrac{d\,\text{純資産}}{D\,\text{純資産}}}{3}$

（※２） 斟酌率：大会社0.7、中会社0.6、小会社0.5

類似会社の数値（国税庁公表）	評価会社（数値）
Ｂ　１株当たりの配当金額 Ｃ　１株当たりの利益金額 Ｄ　１株当たりの純資産価額（帳簿価額） Ａ　株価（課税時期の属する月以前３か月及び前１年間平均又は前２年間平均のうち最も低いもの）	ｂ　前２年の１株当たりの年平均配当金額 ｃ　直前期１年間（選択により２年間の平均）の１株当たりの利益金額 ｄ　直前期末の１株当たりの純資産価額（帳簿価額） （※）ｃ又はｄがマイナスのときはゼロとします

(b) 純資産価額

純資産価額は、課税時期現在における会社の資産から負債を控除して算定します。この場合、会社の財産については財産評価基本通達（相続税評価額）による評価替えをして、含み益（評価差額）があるときはその含み益に対する税金相当額を控除して純資産価額を計算します。

$$\text{1株当たりの純資産価額} = \frac{(A-B)-\{(A-B)-(C-D)\}\times 37\%^{(注)}}{E}$$

Ａ：相続税評価額による総資産価額

Ｂ：負債の金額（引当金など一定のものを除く）

Ｃ：帳簿価額による総資産価額

Ｄ：帳簿価額による負債の金額（引当金など一定のものを除く）

Ｅ：課税時期における発行済株式数（自己株式数を除く）

なお、株式を取得した者及びその同族関係者の合計議決権割合が50％以下である場合には、1株当たりの純資産価額に 80 ％を乗じて計算した金額により評価します。

（注） 評価差額に対する法人税等相当額の 37 ％は、平成 28 年 4 月 1 日以後に相続等で取得した株式の評価について適用されます。

② 特定の評価会社

自社株式が特定の評価会社の株式に該当する場合には、別途評価方法が定められています。

特定の評価会社の場合、原則として純資産価額方式で株式を評価することとなります。一般的には純資産価額方式による評価額の方が、類似業種比準方式による評価額よりも高くなる傾向にあります。

(i) 特定の評価会社の種類

特定の評価会社には下記のものがあり、①から⑥の順に該当するかどうかを判定します。①から⑥のいずれにも該当しない場合には、特定の評価会社ではなく、一般の評価会社として株式を評価します。

① 清算中である会社

② 開業前又は休業中の会社

③ 開業後 3 年未満の会社又は比準要素数ゼロの会社

④ 土地保有特定会社

会社の総資産価額に占める土地等の保有割合（相続税評価額を基礎とします）が、大会社及び特定の小会社(注1)で 70 ％以上、中会社及び特定の小会社(注2)で 90 ％以上である会社をいいます。

(注1) 直前期末の帳簿価額による総資産価額が卸売業で20億円、卸売業以外の業種で15億円以上の場合

(注2) 直前期末の帳簿価額による総資産価額が卸売業で7,000万円以上20億円未満、小売・サービス業で4,000万円以上15億円未満、卸売業、小売・サービス業以外の業種で5,000万円以上15億円未満の場合

⑤ 株式保有特定会社

会社の総資産価額に占める「株式及び出資等」の価額の合計額の割合（相続税評価額を基礎とします）が50％以上である会社をいいます。

⑥ 比準要素数1の会社

類似業種比準価額を算定する際の「1株当たりの配当金額」、「1株当たりの利益金額」及び「1株当たりの純資産価額（帳簿価額））」のうち、直前期末においていずれか2がゼロであり、かつ、直前々期末においてもいずれか2以上がゼロである会社をいいます。

ただし、評価会社が、土地保有特定会社又は株式保有特定会社に該当するか否かを判定する場合において、課税時期前に合理的な理由もなく評価会社の資産構成に変動があり、その変動が土地保有特定会社又は株式保有特定会社に該当する会社であると判定されることを免れるためのものと認められる場合には、その変動はなかったものとして判定を行うこととされています。

(ii) 特定の評価会社の株式の評価方法

同族株主が取得した場合を前提とすると、特定の評価会社の

株式の評価方式（概要）は下記の表のとおりとなります。

分類	評価方式	
比準要素数１の会社	類似業種比準価額×0.25＋純資産価額(注1)×0.75	純資産価額(注2)とのいずれか少ない金額
株式保有特定会社	S1＋S2 方式(注3)	
土地保有特定会社	純資産価額方式	
開業後３年未満の会社		
比準要素数０の会社		
開業前・休業中の会社		
清算中の会社	清算分配見込額の複利現価方式	

（注 1） 議決権割合が 50 %以下の同族株主グループに属する株主は、その 80 %で評価します。

（注 2） （注 1）のような 80 %で評価をすることはありません。

（注 3） 「S1＋S2」方式とは、次の「S1」の金額と「S2」の金額の合計額により評価する方式です。

「S1」の金額…株式保有特定会社が所有する株式等とその株式等に係る受取配当金等の収入がなかったとした場合（実際の事業活動部分）のその株式等保有特定会社の株式の原則的評価方式による評価額

「S2」の金額…株式保有特定会社が所有する株式等を財産評価基本通達の定めにより評価した価額（評価差額に対する法人税等相当額の 37 %を控除します）

(4) 特例的評価方式

同族株主以外の株主等が取得した自社株式は、原則として配当還元価額により評価します。

$$\text{配当還元価額} = \frac{\text{その株式に係る年配当金額}}{10\,\%} \times \frac{\text{その株式の１株当たりの資本金等の金額}}{50\,\text{円}}$$

その株式に係る年配当金額は、1株当たりの資本金等の額を50円とした場合の金額であり、課税時期直前以前2年間の平均額とします。この平均額が2円50銭未満の場合には、2円50銭となります。

(5) 賃貸建物取得後3年以内の自社株の評価の留意点

純資産価額方式による評価に際して、法人が保有する資産は、財産評価基本通達による相続税評価額により評価します。したがって、不動産については、建物は固定資産税評価額、土地は路線価を基礎として評価を行います。

ただし、課税時期前3年以内に取得した土地（借地権を含みます）及び建物（附属設備及び構築物を含みます）については、「通常の取引価額」で評価することとなっています。この場合の通常の取引価額は、課税上弊害がない限り帳簿価額となります。

一般的には相続税評価額よりも通常の取引価格の方が高いため、3年以内に相続が開始した場合には、株式の評価額は3年経過するよりも高くなります。

なお、取得から3年経過後は、建物は固定資産税評価額、土地は路線価を基礎として評価を行うため、株式の評価額も大幅に減少することが見込まれます。法人が不動産を取得した後で株式を贈与する場合には、3年経過後に株式を贈与することで贈与税の負担を軽減することができます。

9 同族会社に対する貸付金

(1) 貸付金も相続財産

個人が不動産管理会社に対する貸付金を残したまま相続が発生した場合、その貸付金は相続財産として相続税の課税対象となります。相続税の計算上、貸付金は額面で評価されることになり、相続財産（債権）として相続税が課税されてしまいます。

不動産管理会社では、下記の理由により個人からの多額の借入金（個人からすると貸付金）が残っていることがありますので、債権者の個人が高齢の場合には特に注意しましょう。

○　個人オーナーが賃貸建物を会社に時価で売却して法人化をした場合において、会社がその建物の購入代金を個人へ一括払いすることができないときは、個人から法人に対して建物売却金額に相当する貸付金となる。
○　個人が長年にわたり会社経費の立替え払いをした場合、精算されずに残ったものは会社に対する貸付金となる。

貸付金に対する相続税課税については、相続開始後に相続税申告の作業を進める中で初めて認識されることも少なくありません。想定外の相続税を負担することがないよう、毎期決算書を見る際には、個人からの借入金の残高を確認しておきましょう。

(2) 貸付金の解消方法

貸付金を解消する方法としては、主に以下の方法が考えられます。

①　債権放棄による減額
②　貸付金債権の贈与
③　DES（デット・エクイティ・スワップ）

その他、債権者が役員である場合に役員給与を減額して返済資金に充当する方法や、会社が所有する不動産等により債権者である個人に代物返済をする方法などもあります。

(3)　債権放棄による減額

個人が会社に対して貸付金の債権放棄を行います。個人が債権放棄をした場合には、放棄をした個人に課税は発生しませんが、会社には「債務免除益」が発生し、法人税等が課税されます。

ただし、当期に修繕などで損失が見込まれる場合や、前期以前の繰越欠損金がある場合には、その損失や欠損金と債務免除益を相殺することにより税負担を軽減することができます。今後返済の見込みがない場合には、繰越欠損金の期限が切れる前に、欠損金の範囲内で債権放棄をしておきましょう。

また、債権放棄を行う個人と株主が別人であった場合には、債務免除を受けた会社の財務状況が良化して株価が上昇したものとして、債権放棄をした個人から他の株主への「みなし贈与」が発生し、贈与税が課税される可能性があります。

債権放棄後も会社が債務超過の状態の場合には、その放棄後も株価がゼロのためみなし贈与は発生しません。また、株主が債権放棄をした債権者のみである場合にも、みなし贈与は発生しません。債権放棄前には必ず会社の財務状況と株主及び債権者を確認するようにしましょう。

(4) 貸付金債権の贈与

暦年課税贈与の110万円の基礎控除を利用するなどして、貸付金債権を持つ個人から、その債権を配偶者や子、孫などに贈与する方法です。贈与する個人に現金が必要になるわけではなく、将来法人から返済を受ける権利が、配偶者や子、孫に渡るだけですので、比較的簡単に行うことができます。

相続人等に対する相続開始前3年以内の贈与は生前贈与加算の対象(注)となるため、早い時期から毎年少しずつ、会社の承継者やその家族に贈与をしていくとよいでしょう。

(注) 令和5年度税制改正

令和9年以降の相続から毎年1年ずつ加算対象年が延長され、令和13年1月1日以降の相続からは相続開始前7年以内の贈与が生前贈与加算の対象となります。ただし、延長された4年間に受けた贈与は、合計100万円まで相続財産に加算されません。

(5) DES（デット・エクイティ・スワップ）

デット・エクイティ・スワップ（Dept Equity Swap、通称「DES」）とは、会社の債務（借入金）を資本に振り替えることをいいます。債権者である個人からすると、貸付金を現物出資して、株式を受け取ることになります。

相続税の計算上、貸付金の場合には額面どおり評価されてしまいますが、株式の場合には税務上「取引相場のない株式」の評価となるため、評価額を引き下げる効果があります。

ただし、新株発行により増加する資本金等の額は、給付を受けた金銭以外の資産の価額（時価）とされているため、DESの対象となる貸付金のうち、その会社が債務超過等であるため回収できない金額がある場合には、その貸付金の券面額と時価（回収可能額）との差額が債務消滅益とされ、法人税等が課税される可能性があります。

また、DESと同様の効果をもたらす手法として疑似DESがあります。疑似DESとは債権者の個人から実際に金銭の払込みによる増資を受け、会社がその金銭を原資として、その個人に借入金を返済するという手法です。しかし、この疑似DESを利用する目的が専ら税負担を減少させる目的であって、当初から計画された一体の取引と認められる場合には、税務調査等により疑似DESがなかったものとして相続税等の計算がされてしまう可能性があります。

なお、上記(3)の債権放棄と同様、DES及び疑似DESによる債務の減少により会社の株価が上昇した場合、債権者であった個人から他の株主への「みなし贈与」が発生し、贈与税が課税される可能性があります。

DES及び疑似DESの実行に相続税対策以外の合理的な理由がない場合には税務リスクが高くなります。安易な実行は避け、十分に検討してから実行するようにしましょう。

第2部

ケース別
賃貸不動産の事業承継方法

CHAPTER 1

不動産の圧縮効果の活用① 借金をしてアパートを建築

【事例】

○家族構成

母　　1人暮らし

長男　別居しており持ち家を所有、今後も実家に戻る予定はない。

○　母が所有する不動産は、自宅戸建と青空駐車場(200 m²)。

○　青空駐車場は舗装されておらず空車が目立ち、毎年の固定資産税等が高く手取りが少ない。

○　現状の現預金のままでは、母の老後の生活資金と相続税の納税資金に不安がある。

〈相続対策前〉

財産内訳	相続税評価額	
自宅建物	500万円	
自宅土地	2,500万円	小規模宅地等の特例なし
青空駐車場	10,000万円	小規模宅地等の特例なし
現預金	4,000万円	
合　計	17,000万円	

基礎控除	△3,600万円	
課税遺産総額	13,400万円	
相続税の総額	3,660万円	長男が負担

【対策】

青空駐車場の所在するエリアの賃貸需要を十分に検討し、母が銀行から１億円の借入れをして駐車場に賃貸アパートを建築する。

〈相続対策後〉

財産内訳	相続税評価額	
自宅建物	500万円	
自宅土地	2,500万円	小規模宅地等の特例なし
アパート建物	4,200万円	貸家評価
アパート敷地	8,200万円	貸家建付地評価（※）
現預金	4,000万円	
銀行借入金	△10,000万円	
合　計	9,400万円	

基礎控除	△3,600万円	
課税遺産総額	5,800万円	
相続税の総額	1,040万円	長男が負担

相続税が2,620万円減少

（※）　賃貸後3年超経過するなどして要件を満たした場合、小規模宅地等の特例の適用あり。

（注）　借家権割合30%、借地権割合60%、アパートは満室を前提とする。

【効果】

⑴　**不動産の承継**

土地の有効活用により家賃収入が生まれ、借入れの返済を行っても十分な手取りが残るようになり、収益性の高い不動産になった。

⑵　**分割対策**

相続人が１人であるため、特に対策は必要なかった。

⑶　**節税対策**

①　不動産の圧縮効果により、相続税評価額が大幅に減少した。

②　「住宅用地の特例」により、毎年の固定資産税等の負担が軽減した。

⑷　**納税対策**

母の老後の生活資金の見通しが立ち、相続税額も減少して納税資金の心配がなくなった。

1 アパートを建築して相続税対策

更地となっている遊休地や駐車場用地に賃貸建物を建築するというのは、伝統的な地主の相続税対策の手法としてよく知られているものです。

この手法による相続税の節税効果には、①賃貸建物の評価額の圧縮効果と、②その敷地である土地の評価額の圧縮効果の2つが影響しています。

今回の事例のように、相続税評価額で1億円の価値がある土地に、母が銀行から1億円を借りてアパートを建築した場合を前提に、これらの仕組みを解説していきます。

⑴　賃貸建物の評価圧縮

建物の評価額は財産評価基本通達に基づき、固定資産税評価額を用いて評価することになっています。固定資産税評価額はおおよそ建物の建築価額の50％～70％程度となることが多いため、1億円で建物を建築した場合の固定資産税評価額を6,000万円と仮定します。

この建物を他人に賃貸した場合、さらに借家権相当として30％の減額が認められるため、建物の相続税評価額は6,000万円×（1－30％）＝4,200万円となります。

また、1億円の銀行からの借入金は、額面のままマイナスの財産として認識されるため、借入直後はその相続税評価額はマイナス1億円となります。したがって、建物に関する全体の相続税評価額は、「4,200万円－1億円＝－5,800万円」となります。

このマイナス5,800万円を、アパートの敷地を含む他の相続財産から控除することにより、相続税が軽減されることとなります。

【賃貸建物の圧縮効果】

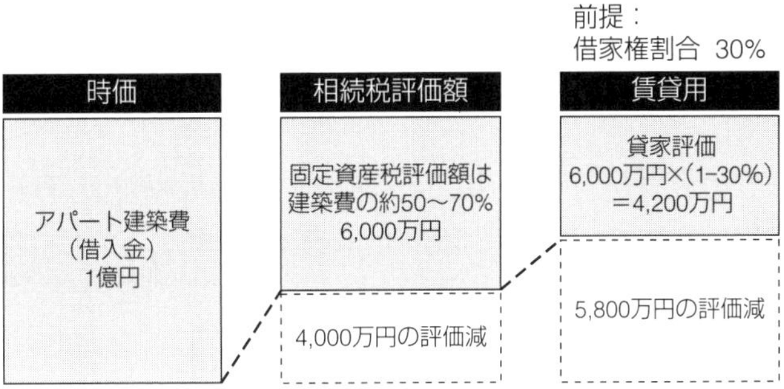

(2) 賃貸建物の敷地の評価圧縮

アパートなどの、賃貸建物（貸家）の敷地の用に供されている土地は、貸家建付地となり、更地と比べてその相続税評価額を減額することができます。土地の自用地評価額が1億円、借地権割合が60％であった場合、アパートを建築した後のその敷地の相続税評価額は、1億円×（1－60％×30％）＝8,200万円となります。

さらに、貸付事業を開始してから3年超経過して相続が開始するなど一定の要件を満たした場合、小規模宅地等の特例（貸付事業用宅地等）の特例の適用があり、200 m^2 まで評価額が50％減額されます。上記のアパートの敷地全体がこの特例の適用対象となった場合には、8,200万円×50％＝4,100万円の評価減があり、最終的に土地の相続税評価額は「8,200万円－4,100万円＝4,100万円」となり、大幅に評価が圧縮されます。

当初の舗装がされていない青空駐車場の場合には、貸家建付地の評価減及び小規模宅地等の特例の適用を受けることができませんでしたが、賃貸建物を建てたことにより特例の適用対象となりました。

【賃貸建物の敷地の圧縮効果】

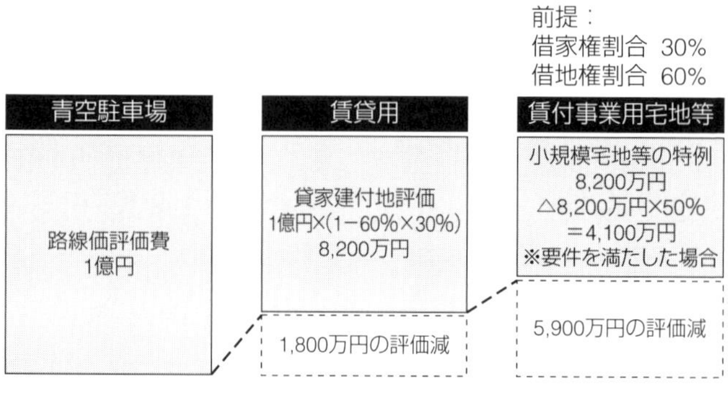

2 アパート建築により固定資産税等の負担が減少

事例では、駐車場から居住用の賃貸建物（アパート）の敷地となるため、固定資産税・都市計画税については「住宅用地の特例」の対象となり、土地に対するこれらの税額の負担が軽減されます。土地の広さなどによっても異なりますが、アパート建築後は駐車場のときと比較して、おおむね３分の１から４分の１程度まで軽減できる可能性があります。

3 賃貸経営をして採算が合うかを重視する

日本の人口減少、賃貸用の供給戸数の増加により、今後はアパートを建てても空室ばかりということも考えられます。不動産投資は金額も大きいため、失敗したときの損失も大きくなります。相続税対策ばかりを考えて多額の借入れをしてしまい、空室が出てきたり家賃の下落が始まったところから、資金繰りに苦しむケースも見受けられます。

その土地の所在するエリアが賃貸需要のあるエリアなのか、また、どのような賃貸建物を建築するのが適正かなど、まずは賃貸経営をして採算が合う土地かどうかということを、信頼できる不動産会社に依頼してリサーチすべきです。あくまでも土地の有効活用を目的として、相続税の節税効果は二次的な判断材料にとどめておくとよいでしょう。

ハウスメーカーの「相続税の節税になるのでアパートを建て

ましょう」という営業トークを鵜呑みにして、よく検討しないまま建築を実行に移すのは危険です。なお、ハウスメーカーが作成する収支計画表には、毎年の不動産所得に対する所得税・住民税などが加味されていないものや、10～15年後に想定される大規模修繕の費用などを考慮していないものがあります。これらも考慮して手取り資金がいくらになるか、慎重にシミュレーションをしてアパート建築を検討しましょう。

もしその土地で賃貸経営をして採算が合わないのであれば、不動産の組換え（**CHAPTER 2**）も検討すべき手段となります。

4 リフォーム工事による相続税対策

賃貸建物の相続税評価額は、上述したとおり固定資産税評価額の70％となります。

建物にリフォーム工事を行った場合、床面積が増加する増築工事や大規模な改築工事であるときは、固定資産税評価額が増加します。しかし、通常の維持管理のためのクロスや床の補修、屋根や外壁の塗装などの修繕工事、キッチンやバスなどの設備の一部入替え程度の改修工事では、基本的に固定資産税評価額が増加することはないようです。

通常の維持管理のためのリフォーム工事であれば、生前に行っておいた方が建物の相続税評価額が変わらず、相続税対策になります。例えば、生前に親が1,000万円をかけてリフォーム工事をした場合、現預金は1,000万円減少しますが、建物の固定資産税評価額は増加しないため、仮に相続税の税率が30％とすると、「1,000万円×30％＝300万円」の節税になります。

ただし、相続開始の直前などに大規模なリフォーム工事を行って、現預金が大幅に減少している場合、相続税申告の税務調査において建物の価値が増加するような増改築等でなかったかを指摘される可能性があります。相続までに時間的余裕をもってリフォーム工事を行い、工事見積書などの工事内容の詳細が分かる資料を保管しておきましょう。

CHAPTER 2

不動産の圧縮効果の活用②
不動産の組換え

【事例】

○家族構成

父　　　　　1人暮らし

長男・二男　ともに別居しており持ち家を所有、今後も実家に戻る予定はない。

○　父が所有する不動産は、自宅戸建と築古アパート1棟（入居率20％）

○　高齢により父は1人暮らしが困難となってきており、介護施設に入所することを検討している。

○　築古アパートは老朽化が進み、空室による家賃収入の減少と、増加する修繕費が問題となっている。

○　父は長男と二男に平等に相続させたい希望があるが、自宅とアパートの資産価値が異なるため、実現は難しいと考えている。

○　現状のまま相続した場合、父の現預金のみでは相続税の納税資金が不足する。

【前提条件】

・建物の固定資産税評価額は時価の 60 %、土地の路線価評価額は時価の 80 %と仮定しています。
・借地権割合は60%、借家権割合は30%と仮定しています。アパート敷地の地積は 200 m² と仮定しています。

〈相続対策前〉

財産内訳	時　価	相続税評価額	
アパート建物	2,000 万円	1,128 万円	（注 1）
アパート土地	10,000 万円	6,941 万円	（注 2）
自宅建物	500 万円	300 万円	
自宅土地	5,000 万円	4,000 万円	小規模宅地等の特例なし
現預金	1,000 万円	1,000 万円	
合　計	18,500 万円	13,369 万円	

基礎控除	△ 4,200 万円	
課税遺産総額	9,169 万円	
相続税の総額	**1,434 万円**	長男及び二男の相続税の合計額

（注 1）　貸家評価による評価減は、入居している 20 %の部分のみに適用
（注 2）　貸家建付地及び小規模宅地等の特例（貸付事業用宅地等）による評価減は、入居している 20 %の部分のみに適用

【対策】

○　不動産の組換えを行い、自宅戸建と築古アパートを売

却し、賃貸用の区分マンションを２室購入する。

○　上記の組換えで余った売却後資金は、父が入所する施設の費用に使用する。

○　公正証書遺言を作成し、区分マンションは長男と二男が１室ずつ相続し、相続時に残った現預金は半分ずつ分けることにした。

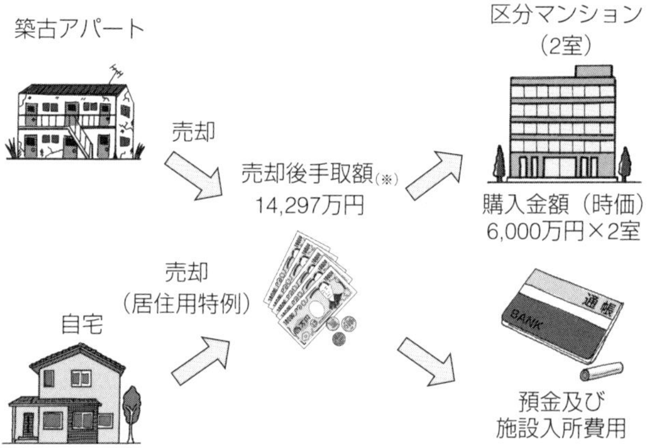

（※）　売却に係る譲渡税は下記により計算しており、手取額は譲渡収入から譲渡費用と譲渡税を差し引いて計算しています。

【前提条件】

・区分マンションはいずれも時価（購入金額）の 70 %を建物、30 %を土地とし、賃貸して入居者がいるものと仮定しています。
・建物の固定資産税評価額は時価の 60 %、土地の路線価評価額は時価の 80 %と仮定しています。
・借地権割合は 60 %、借家権割合は 30 %と仮定しています。区分マンションの敷地の地積は各 20 m^2 と仮定しています。

〈相続対策後〉

財産内訳	時　価	相続税評価額	
区分マンション①建物	4,200 万円	1,764 万円	貸家評価
区分マンション①土地	1,800 万円	1,181 万円	貸家建付地評価（注）
区分マンション②建物	4,200 万円	1,764 万円	貸家評価
区分マンション②土地	1,800 万円	1,181 万円	貸家建付地評価（注）
現預金	3,297 万円	3,297 万円	
合　計	15,297 万円	9,187 万円	

基礎控除	△ 4,200 万円	
課税遺産総額	4,987 万円	
相続税の総額	**648 万円**	長男及び二男の相続税の合計額

相続税が 786 万円減少

（注） 賃貸後３年超経過するなどして要件を満たした場合、小規模宅地等の特例の適用あり

〇譲渡税の計算

【前提条件】

・築古アパート、自宅ともに、時価を譲渡収入とし、取得費

は概算取得費5％、譲渡費用は譲渡収入の4％と仮定しています。

・築古アパートと自宅の売却はともに長期譲渡所得に該当し、自宅の売却は居住用財産の3,000万円特別控除及び軽減税率の特例の適用があるものとしています。

①築古アパートの売却

譲渡収入　概算取得費　譲渡費用　譲渡所得

12,000万円 － 12,000万円×5％ － 480万円 ＝ 10,920万円

10,920万円 × 20.315％ ＝ 2,218万円

②自宅の売却

譲渡収入　概算取得費　譲渡費用　譲渡所得

5,500万円 － 5,500×5％ － 220万円 ＝ 5,005万円

居住用財産の特別控除

5,005万円 － 3,000万円 ＝ 2,005万円

居住用財産の軽減税率

2,005万円 × 14.21％ ＝ 285万円

（注）　金額は全て概算値であり、税率は所得税・住民税の合計です。

【効果】

⑴　不動産の承継

相続後に誰も利用しない自宅、収益性が低く管理も困難なアパートが、収益性や資産価値が高い区分マンションになった。

⑵　分割対策

同じ価値の区分マンションを2室購入とすることにより、平等な相続が実現でき、遺産分割争いが回避できた。

⑶　節税対策

①　不動産の組換えにより、相続税評価額が大幅に減少

した。

② 自宅の売却時に居住用財産の特例（3,000万円特別控除、軽減税率）を適用できたため、売却に係る譲渡税を軽減できた。

(4) **納税対策**

相続税が軽減され、売却後資金により現預金が増加したため、納税資金が足りる見込みとなった。

1 不動産の組換えにかかる税金

不動産の組換え時には、下記の税金がかかります。

組換えを行う際には、事前にこれらの税額がいくら発生するかを予測して計算しておき、売却後の手取りと必要な購入資金がいくらかを把握しておきましょう。

- 不動産の売却時 ⇒ 譲渡税（所得税・住民税）・消費税・印紙税
- 不動産の購入時 ⇒ 登録免許税・不動産取得税・印紙税

(1) 不動産の売却時の譲渡税・消費税

不動産の売却時に譲渡益が生じた場合には、譲渡税（所得税・住民税）が発生します。詳細は第1部にて解説したとおりです。

相続対策の中で不動産を売却する際、譲渡税の負担を軽減するためには、主に下記のポイントに注意しましょう。

> ①　取得費の資料として、不動産を購入及び建築した際の売買契約書・請負契約書・領収書などの書類があるか、紛失してしまった場合には代替する資料があるか
> ②　建物については、取得費に算入できるリフォームなどを行っていないか
> ③　今回の売却物件以外に、損益通算の対象となる含み損のある物件（別荘、リゾートマンションなど）がないか

また、不動産を売却するオーナーが消費税の課税事業者に該当する場合には、賃貸用のアパートやマンションなどの建物の譲渡対価について消費税が課税され（土地の譲渡対価は非課税）、例年に比べ多額の消費税の負担が発生することがありますので、注意しましょう。

(2)　居住用財産の特例の活用

事例のように自宅を売却した場合には、居住用財産の特例を適用して、譲渡税の負担を軽減することが可能です。今回は売却後に新たな自宅を購入することがなかったため、居住用財産の特例として、3,000万円特別控除と軽減税率の特例を適用しました。居住用財産の特例については、第1部を参考にしてください。

なお、親が引越しをして子の家で同居したり、介護施設に入所したりした後、自宅の売却について居住用財産の特例を適用するためには、その売却期間に制約があります。

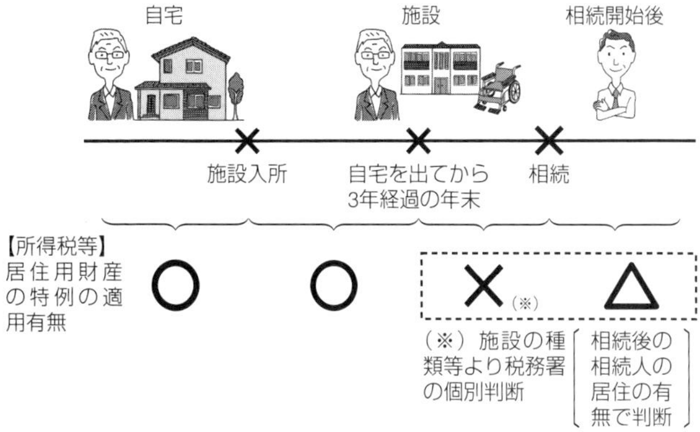

転居をしてから3年を経過する日の属する年の年末までの自宅の売却は、居住用財産の特例の対象となりますので問題ありません。しかし、この期間を超えてから売却した場合、居住用財産に該当するかどうかの判断については、税法上明確な規定はありませんが、元の自宅の保管状態と入所した介護施設の種類により、個別判断になるといわれています。

また、今回の事例のように、子が相続後も実家に戻る予定がない場合、相続後に子が実家を売却しても、所有者である子本人の居住の用に供していないため、居住用財産の特例の対象とはなりません(相続した空き家の3,000万円特別控除の特例を受ける場合を除きます)。

確実に居住用財産の特例を受けるためには、親が転居をしてから3年を経過する日の属する年の年末までに売却するのが望ましいでしょう。

2 組換えによる不動産の圧縮効果

不動産を組み換えた場合、組換え前の不動産よりも相続税評価額が下がり、相続税の負担を軽減できる場合があります。

事例では、自宅及び老朽化したアパートを賃貸用の区分マンションに組み替えることで、不動産の圧縮効果を活用することができました。

なお、今回の事例では当初から要件を満たしませんでしたが、自宅の敷地については、小規模宅地等の特例（特定居住用宅地等）への影響も考えて、組換えプランを考える必要があります。

(1) 空室部分は評価減ができない

老朽化して空室率の高い不動産を所有すると、収入の減少及び修繕費の増加、資産価値の低下などの問題に目がいきがちですが、相続時における不動産の相続税評価額についても、不利な取扱いをされてしまうことになります。

賃貸アパートなどの敷地の相続税評価額は、貸家建付地評価による評価減を受けることができます。しかし、長期間空室がある場合、評価減は敷地の一部にしか受けることができません。貸家建付地の評価減は「相続時に賃貸している」部分についてしか適用することができず、基本的に空室部分には適用できないためです。

【貸家建付地の評価額】

自用地としての価額

×（1 － 借地権割合 × 借家権割合 × 賃貸割合）

（※） 賃貸割合

$$\text{賃貸割合} = \frac{\text{Aのうち課税時期において賃貸されている各独立部分の床面積の合計}}{\text{その貸家の各独立部分の床面積の合計（A）}}$$

貸家建付地の評価減は、上記の算式のとおり、賃貸割合に応じた評価減をします。賃貸割合とは、その建物の各室の床面積のうち、相続時において賃貸中の部屋の床面積の割合をいいます。空室部分は基本的に分子に含めることができないため、貸家建付地の評価減ができません。

【事例の場合】

賃貸による評価減前の土地評価額8,000万円

前提条件
借地権割合60%
借家権割合30%

土地評価額×借地権割合×借家権割合×入居率（賃貸割合）＝貸家建付地の評価減

8,000万円 × 60% × 30% × ｛20% ＝ 288万円／100% ＝ 1,440万円｝

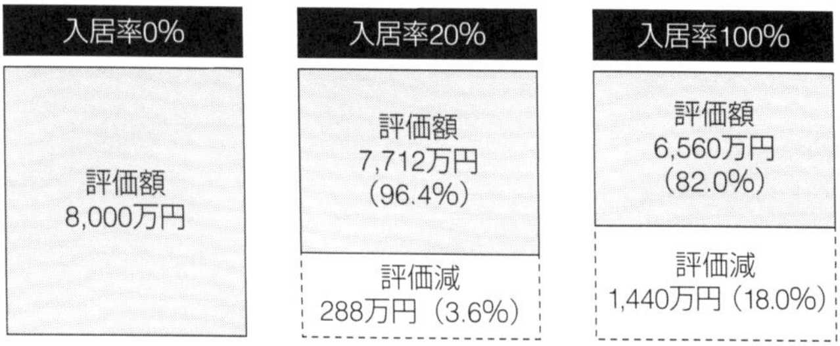

（注）小規模宅地等の特例を適用する前の評価額です。

(2) 一時的な空室の場合

相続時点において賃貸アパートの一部に空室があったとしても、その空室が一時的なものであった場合には、その空室の床面積を賃貸割合の分子に含めて、貸家建付地の評価減を適用することができます。

一時的な空室かどうかの判定については、国税庁から質疑応答事例が公表されており、下記要件を総合的にみて判断することとされています。

- ○ 各独立部分が課税時期前に継続的に賃貸されてきたものかどうか
- ○ 賃借人の退去後速やかに新たな賃借人の募集が行われたかどうか
- ○ 空室の期間、他の用途に供されていないかどうか
- ○ 空室の期間が課税時期の前後の例えば1か月程度であるなど一時的な期間であったかどうか
- ○ 課税時期後の賃貸が一時的なものではないかどうか

平成27年11月11日裁決では、空室期間が3か月及び1年10か月の2室について、一時的な空室とは認められませんでした。また、平成28年12月7日裁決、平成28年10月26日判決では、いずれも5か月を一時的な空室と認めませんでした。

なお、賃貸アパートなどの敷地部分について小規模宅地等の特例（貸付事業用宅地等）を適用する場合にも、一時的な空室についての判定は、上記の貸家建付地の判定と同様の解釈をするといわれています。

(3) タワーマンションの圧縮効果

上述したとおり、賃貸割合が相続税評価額に及ぼす影響を考えると、組換え先としては収益性や流動性が高く、空室リスクの少ない不動産に組み換えることが重要となります。

また、区分マンションのような、もともとの相続税評価額（固定資産税評価額や路線価による評価額）が購入価額よりも大幅に低くなるような不動産に組み換えることも選択肢となります。

区分マンションの中でも、特に都心のタワーマンションは時価と相続税評価額との乖離が大きく、物件により購入価額の2～3割程度の相続税評価額となるようなものもあります。タワーマンションの相続税評価額が低くなる理由は下記のとおりです。

① マンションの敷地については、マンションの所有者全員で共有しており、個々の家屋に対応して土地の持分が決められています。したがって、タワーマンションのように1つの敷地に対して多くの所有者が存在する方が、持分の割合が小さくなります。路線価が高い地域であっても、実質的な土地の所有面積が小さく、相続税評価額は小さくなります。

② 家屋の相続税評価は固定資産税評価額を基準としますが、マンションの場合には1棟全体の固定資産税評価額を算出し、区分所有者ごとの専有部分の床面積の割合で按分します（一定の補正は入ります）。ただし、ここには階層や眺望の良し悪し、ブランドなどは考慮されることはないため、販売価格の高い高層階でも、価格に比例して固定資産税評

価額も高くなるわけではありません。

(4) 組換え先の収益性や資産価値にも着目

タワーマンションは相続税評価額の圧縮効果が高いだけでなく、不動産としても流動性が高いため相続後の売却や賃貸も比較的容易に行うことができます。したがって、相続対策における不動産の組換え先として、よく選択肢に挙げられるものとなります。

ただし、圧縮効果が高く相続税の節税効果があったとしても、将来的に資産価値が減少して財産そのものが減少してしまうようでは意味がありません。

例えば、タワーマンションへの組換えにより相続税が1,000万円軽減されたとしても、相続後に売却して売却損が2,000万円出てしまうのであれば、節税対策をした意味が全くなくなってしまいます。

相続税の節税ばかりを考えるのではなく、将来的に資産価値が維持できるエリアの物件であるか、相続人が維持管理していける物件であるかなど、投資効果や保有期間も考慮して組換え先を選定する必要があります。

また、令和5年度税制改正大綱では、「相続税におけるマンションの評価方法については、市場価格との乖離の実態を踏まえ、適正化を検討する」として今後のマンションの評価方法の変更を示唆しています。引き続き税制改正などに注意する必要があります。

3 不動産の購入は「総則6項」に注意

(1) 総則6項とは

原則として不動産の相続税評価額は、財産評価基本通達に基づいて路線価や固定資産税評価額を基に評価します。

しかし、財産評価基本通達6項（いわゆる「総則6項」）では「この通達の定めによって評価することが著しく不適当と認められる財産の評価は、国税庁長官の指示を受けて評価する」と書かれています。つまり、専ら節税を目的として不動産を購入したと認められる場合には、これらの評価ではなく、他の合理的な評価方法（購入価格や不動産鑑定による価格など）により評価されることとなります。

通常はこれらの評価の方が固定資産税評価額や路線価よりも高くなるため、負担する相続税も大きくなります。

過去に相続開始直前の不動産購入について総則6項が適用され、路線価等による評価額が認められなかった判例があります。特に高齢者が不動産を購入する場合には慎重に進める必要があります。

(2) 総則6項が適用された主な判例

① タワーマンション購入による節税が否認された判例

平成23年7月1日の裁決では、相続開始直前に購入したタワーマンションによる節税対策が否認されています。

【概要】

・平成 19 年 7 月：被相続人が入院

・平成 19 年 8 月：被相続人がタワーマンションの 1 室を 2 億 9,300 万円で取得（売買契約は相続人が代行）

・平成 19 年 9 月：相続開始

・平成 20 年 7 月：相続人がタワーマンションを 2 億 8,500 万円で売却

【裁決の要旨】

不動産の評価について下記のような特別な事情がある場合には、財産評価基本通達によらずに、他の合理的な方法によって評価するべきである。本件では、タワーマンションの購入価額を相続税評価額とするべきである。

・タワーマンション取得時と相続開始時が近接している（相続の 1 か月前）。

・タワーマンションを利用した事実がない。

・相続後 4 か月で相続人がタワーマンションの売却を依頼し、購入金額に近い金額で売却している。

・タワーマンションの近傍の基準地価が、相続開始日の前後において横ばいである。

② 賃貸マンション購入による節税が否認された判例

令和 4 年 4 月 19 日の判決では、相続直前に銀行借入れをして、

賃貸マンション２棟を購入した節税対策が否認されています。

【概要】

・平成 20 年 8 月：被相続人は孫と養子縁組

・平成 21 年 1 月：銀行借入れにより A 不動産を約 8 億 3,700 万円で取得

・平成 21 年 12 月：銀行借入れにより B 不動産を約 5 億 5,000 万円で取得

・平成 24 年 6 月：相続開始。孫は上記不動産と借入金を承継、相続税をゼロとして申告

・平成 25 年 3 月：B 不動産を約 5 億 1,000 万円で売却

・平成28年4月：税務署から総則6項に基づき下記の「鑑定評価額」による更正処分あり

【不動産の評価額】

	甲不動産	乙不動産	合計
路線価等の評価額	約 2 億円	約 1 億 3,000 万	約 3 億 3,000 万円
取得価額	約 8 億 3,700 万円	約 5 億 5,000 万円	約 13 億 8,700 万円
不動産鑑定評価額	約 7 億 5,400 万円	約 5 億 1,900 万円	約 12 億 7,300 万円

【裁決の要旨】

下記の状況から、路線価等に基づいて評価することは他の納税者との間で著しく不公平になる。したがって、税務署の処分のとおり不動産鑑定評価を相当な評価とする。

・不動産の鑑定評価額と路線価等による評価額に約4倍も乖離がある。
・不動産を路線価等で評価することの合理性に疑義がある。
・被相続人は90歳、91歳（相続開始の直前）で多額の借入れをして不動産を購入している。
・不動産を購入しない場合には相続財産は6億円超になっていた。
・借入れをした銀行の稟議書には、甲の相続税対策のためとの記載がある。

(3) 今後の対応

上記の判例のとおり、高齢者が不動産を購入して相続財産の評価額が大幅に減少するような場合において、財産の取得時期、取得までの経緯、取得する理由及び目的について合理性がないときは、総則6項により税務署から路線価等による評価額を否認される可能性があります。実務上は主に下記の点に留意しながら進めるとよいでしょう。

① 不動産を購入する場合には早めに行う

相続開始の直前に不動産を購入した場合には、総則6項が適用される可能性が高まります。賃貸用の不動産など購入する場合には、長期的な事業計画の下、相続開始までの期間が長いうちに行った方がよいと考えられます。

②　節税以外の購入目的を明確にする

事業を営む上で購入する必要性がある場合や、自分や子供達の自宅として購入する場合など、節税目的ではない他の合理的な購入目的がある場合には、総則6項が適用されるリスクは低くなると考えられます。

節税以外の目的で不動産を購入する場合には、その購入目的を客観的な資料に基づいて説明できるように準備しておきましょう。

③　相続開始直後の売却は避ける

相続開始直前に購入した不動産を相続開始直後に売却した場合には、総則6項が適用されるリスクが高くなります。相続開始後しばらくの間は、売却を見合わせるべきであると考えられます。相続税の除斥（時効）期間である、相続開始後5年10か月の経過が1つの目安となります。

相続税の納税のために不動産を売却しなくてもいいように、別途納税資金を準備しておきましょう。

4　相続対策で注目されている「不動産小口化商品」とは

「不動産特定共同事業法」に基づき、不動産の小口投資が可能な商品があります。1棟マンションなどを購入する場合と比較すると少額の資金から投資することができ、複数口を購入することで分割しやすくなるため、相続対策のための商品として注目されています。

任意組合型の不動産小口化商品は、複数の人と賃貸不動産を共有することとなります。この出資金についての相続税評価額を算定する場合、持分相当の賃貸用不動産として評価することになるため、相続税評価額の圧縮効果を受けることができます。

ただし、今後この不動産小口化商品が相続税の節税スキームとして横行した場合には、税制改正等で規制されたり、総則6項が適用される可能性があります。引き続き国税庁の動向に注意する必要があります。

CHAPTER 3

賃貸不動産の共有を解消して承継する

【事例】

○長男、二男、三男、四男の４人の兄弟で各４分の１ずつ広い駐車場を共有。

○長男は将来この駐車場を有効活用したいと考えているが、残りの３人はこの駐車場を売却して現金化したいと考えており、意見が統一できずに長年そのままとなっている。

○二男、三男、四男は保有する現預金が少なく、相続が開始した場合には納税資金が不足する可能性がある。

【対策】

現物分割（共有物分割）を行い、長男が単独で所有する土地と、二男・三男・四男が各３分の１ずつ共有する土地に分割した。

上記の分割後、長男は単独所有となった土地にアパートを建築し、二男・三男・四男は共有する土地を第三者に共同売却して、売却代金を３分の１ずつ分配した。

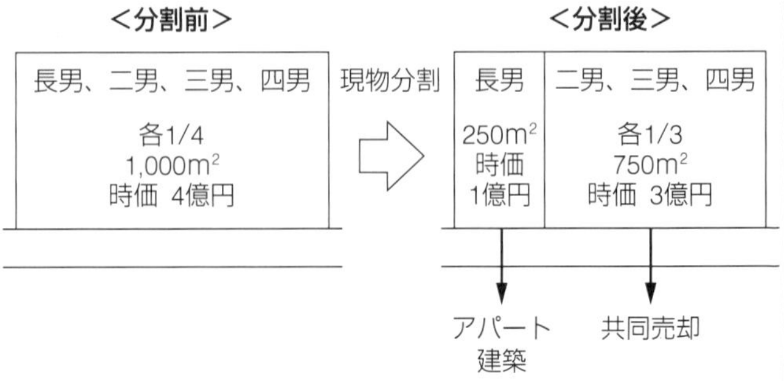

【効果】

⑴　**不動産の承継**

共有のままでは塩漬けの状態になっていた土地を、長男が有効活用できるようになった。

⑵　**分割対策**

それぞれの配偶者や子へのさらなる共有者の増加を防止することができ、将来の親族間のトラブルを回避することができた。

⑶　**節税対策**

長男はアパートを建築して不動産の圧縮効果を受けられるようになり、相続税評価額を大幅に減少することができた（不動産の圧縮効果については、CHAPTER 1 を参照）。

⑷　**納税対策**

二男・三男・四男は土地の共有持分を換金して、将来の相続税の納税資金を準備できた。

1 共有不動産の問題点

(1) 共有のデメリット

共有とは、不動産の所有権などを複数の者が支配・利用している状態のことをいいます。

共有が発生するのは相続のタイミングが多く、遺産分割協議がまとまらなかったためとりあえず法定相続分の割合により共有で相続する場合や、先祖代々の土地を守ってほしいため、あえて遺言で子供に共有で相続させる場合などがあります。

不動産を共有するデメリットとしては、主に下記のものが考えられます。

○ 不動産について売却などの「変更行為(注)」を行う場合には、共有者全員の同意が必要になるため、共有者のうちに1人でも今後の計画に反対する者がいる場合には、計画を断念せざるを得なくなる。

○ 共有状態から相続を重ねていくと、持分権はさらに細分化・複雑化し、共有者全員の意思を統一するのが困難になる。

○ 共有者ごとの権利(持分)は流動性や換金性が低いため、持分のみを売却しようとしても市場価値は低くなる。

(注) 共有者全員の同意が必要な「変更行為」とは

・土地の共有の場合…売買契約の締結及び解除・宅地造成・借地権設定・担保権の設定など

・建物の共有の場合…建物の取壊し・大規模な改造・建築及び譲渡など

⑵　共有の解消方法

不動産の共有は、現状で不都合がない場合でも将来的には親族間でトラブルの原因となる可能性があるため、共有者が少なく話し合いのできる状態のうちに早めの解消をすることが望ましいです。

共有を解消する方法の主なものとしては、下記の①現物分割、②共同譲渡、③持分譲渡、④贈与又は遺贈の方法がありますが、いずれの方法を採用するかについては、不動産の状況や資金負担などを考慮して、基本的には共有者間の話し合い（協議）で決めることになります。話し合いでも解消できない場合には、裁判などにより解消する方法もあります。

2　現物分割

⑴　現物分割とは

現物分割は共有物分割ともいい、共有不動産の現物を共有持分の割合に応じて分割する方法です。

例えば、200 m^2 の土地を甲と乙の 2 名で 2 分の 1 ずつ共有していた場合には、持分に応じて 100 m^2 ずつ 2 区画に分割し、分割後は甲と乙がそれぞれ 1 区画の土地を単独で所有する方法です。

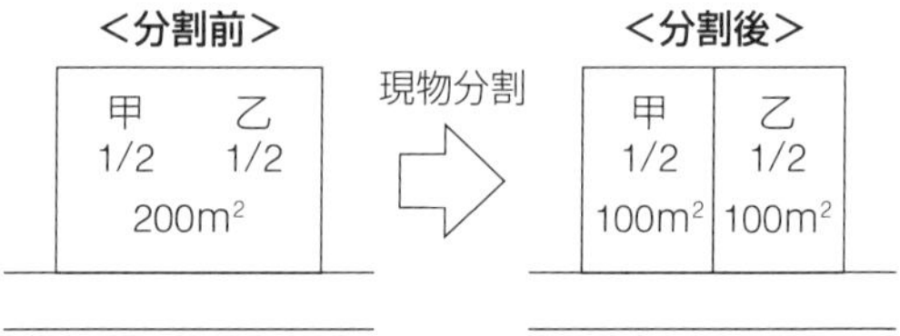

事例のように共有物が広い土地である場合には現物を分割することができるため、この方法を採用することができます。しかし、例えば区分マンションを共有している場合など、現物を分割することが困難なときは、この方法を採用することができません。

(2) 税務上の取扱い

一の共有地について現物分割が行われた場合、税務上は基本的に譲渡がなかったものとみなされ、譲渡所得の課税関係は生じないこととされています。譲渡がなかったものとみなされる場合には確定申告も必要ありません。

所得税基本通達33–1の7において、「個人が他の者と土地を共有している場合において、その共有に係る一の土地について、その持分に応ずる現物分割があったときには、その分割による土地の譲渡はなかったものとして取り扱う」と規定されています。

上記(1)の図のように、通常、共有状態にある不動産について現物分割を行う場合には、分割された土地の面積比が共有持分の割合と等しくなるように分割されることが多いです。しかし、面積比によって分割した場合と価額比によって分割した場合との差が著しい場合には、価額比によって現物分割を行う必要があります。

例えば、400 m^2 の土地を甲と乙が2分の1ずつ所有していたとします。持分に応じて現物分割を行うと、甲と乙は200 m^2 ずつ所有することとなります。しかし、甲が所有する土地Aは角地となり二方路線に面しており、乙が所有する土地Bは一方路線にしか面していないことになると、Aの時価がBの時価より高くなります。

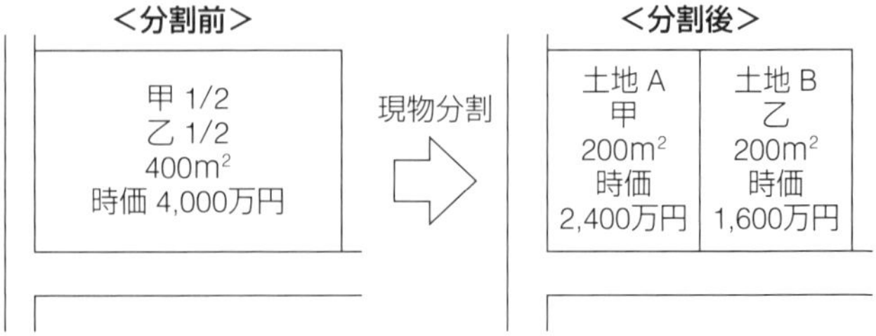

上記の図のような分割が行われた場合、時価の比率と持分の比率が一致せず、乙から甲に贈与があったものとみなされて、甲に贈与税が課税される可能性があります。

安易な分割をすると思わぬ税負担が発生する可能性があるため、場合によっては不動産鑑定士による鑑定評価を活用するなどして、分割後の土地の時価の比率が持分の比率と一致するという証拠を残しておくようにしましょう。

3 共同売却

(1) 共同売却とは

共同売却とは換価分割ともいい、共有不動産を換価（売却）して、その売却代金を共有持分に従って金銭で分配する方法をいいます。

現物分割による分割が困難な場合、この方法により共有状態のまま第三者に売却をして金銭で分配することが一般的です。裁判所の審判などでも、現物分割や持分譲渡（後述）が困難な場合には、最終的に競売によって共有不動産を換価して、その換価代金を各共有者の持分に応じて分配するという判決を出すことが可能です。

ただし、競売による不動産の換価は一般相場と比較して割安になることが多いため、競売になる前の段階で、共有者間の合意に基づいて一般の不動産仲介取引などにより売却をすることが望ましいといえます。

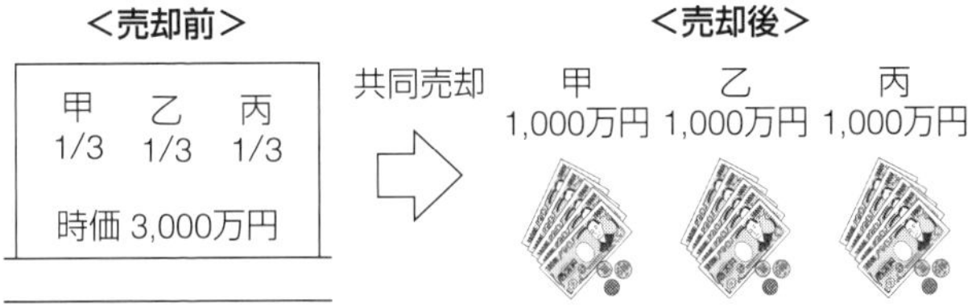

(2) 税務上の取扱い

共同売却をした場合には、共有者ごとに、その共有持分に応じた譲渡所得が課税されることになります。

具体的な譲渡所得の計算方法などについては、第1章を参考にしてください。

4 持分譲渡

(1) 持分譲渡とは

持分譲渡とは価格賠償ともいい、共有者の1人が自己の共有持分を他の共有者や第三者に売却して、その対価として金銭を受け取る方法をいいます。

他の共有者に持分を買い取る資金がある場合には、共有者間で持分売買を行って共有を解消することもあります。また、共有不動産の持分のみを買い取る不動産業者も存在しますが、その買取り価格は安くなります。

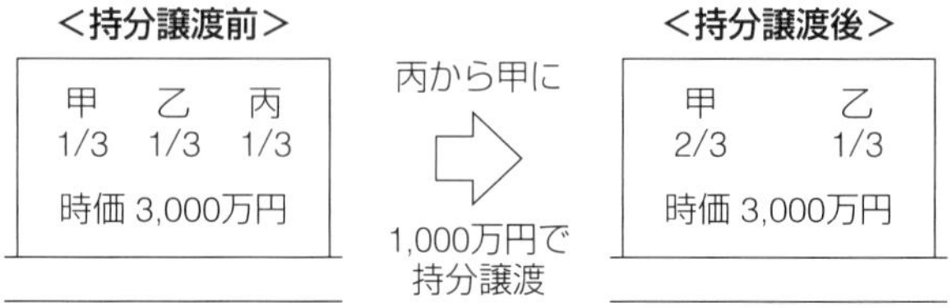

(2)　税務上の取扱い

持分譲渡をした場合には、上述した共同売却と同様、その譲渡対価に対して譲渡所得が課税されます。

通常は親族間で不動産を共有していることが多く、持分譲渡も親族間における売買となります。この場合に注意しなければならないのが、低額譲渡の取扱いです。親族間だからといって、共有持分の譲渡対価が時価よりも著しく低い価額であった場合には、譲渡対価と時価との差額に相当する価額の財産を贈与により取得したものとみなされて、譲受者に贈与税が課税されます。

例えば、時価 1,000 万円の共有持分を、他の共有者である親族に 600 万円で持分譲渡した場合には、「著しく低い価額での譲渡」とみなされて、その持分譲渡があった時に、持分を買い取った親族が 400 万円の贈与を受けたものとして、贈与税が課税される可能性があります。

なお、相続税法（贈与税課税）においては、著しく低い価額についての明確な判断基準を定めていません。過去の判例においては、著しく低い価額であるか否かは画一的な基準により判断するのではなく、様々な観点から総合的にみて判断することを明らかにしています。平成18年5月24日裁決では、「著しく低い価額の対価に該当するか否かは、個々の取引について、取引の事情、取引当事者間の関係、取引にかかわる財産の市場価額及び譲受けの対価の額等を総合勘案し、社会通念に従い判断すべきものと解するのが相当である」とし、「相続税法上の時価は相続税評価額であるため、相続税評価額相当額で行った親族間における売買は著しく低い価額の対価での売買には該当しない」とする納税者側の主張は認められませんでした。

特に親族間で持分譲渡を行う場合には、下記の価額を総合勘案して、客観的かつ合理的に時価を算定する必要があります。その算定した時価をもって取引価額とすることで、贈与税課税のリスクを軽減することができます。

① 相続税評価額（路線価及や固定資産税評価額など）
② 地価公示価格（土地の場合）
③ 未償却残高（建物の場合）
④ 再調達価額から減価償却額を控除した価額（建物の場合）
④ 近隣の不動産の住宅情報誌の価格
⑤ 不動産業者が作成した該当物件の査定書

また、高額な共有不動産の持分譲渡などで贈与税課税のリスクを完全に排除したい場合には、費用はかかりますが、不動産鑑定士による鑑定評価額により算出した時価により持分譲渡を行うことも検討しましょう。

5 贈与又は遺贈

(1) 贈与又は遺贈

共有者のうちの1人が共有持分を換金化する意思がなく、無償で他の共有者に自己の共有持分を譲渡する意思がある場合には、共有持分の贈与又は遺贈という方法もあります。

早期の共有状態の解消を希望する場合には贈与が望ましいですが、受贈者の贈与税の負担が大きい場合には、遺言書を作成して将来の相続開始時に特定の者に移転（遺贈）する方法も検討しましょう。

(2) 税務上の取扱い

共有持分を贈与した場合、共有持分の相続税評価額に対して受贈者に贈与税が課税されます。また、共有持分を遺贈した場合には、共有持分の相続税評価額に対して受遺者に相続税が課税されます。

贈与については、贈与年の1月1日において18歳以上の受贈者が直系尊属から受けた贈与以外は「一般贈与分」として贈与税を計算します。また、遺贈については被相続人の1親等の血族（代襲相続人である孫を含みます）及び配偶者以外への遺贈は、受遺者の相続税額にその相続税額の2割に相当する金額が加算されます。

共有持分の贈与又は遺贈については、兄弟間で行うなど受贈者又は受遺者が身近な親族でないことが多いため、事前に税負担を見積もる際には上記の点にも注意しましょう。

6 共有物分割請求

(1) 共有物分割請求権

民法では、共有物の各共有者はそれぞれ共有物の分割を請求することができると定めています。これを共有物分割請求権といいます（民法256条）。共有者のうち1人が共有物分割請求をしたときは、他の共有者は分割協議に参加をし、実際に分割が確定した場合にはそれを履行する義務があります。

ただし、共有者の中には上記の請求により共有物の分割が実際に行われると不都合が生じる者もいるため、5年を超えない期間内は分割をしない旨の特約を付すことができることになっています。この分割をしない旨の特約は更新することもできますが、更新してもその期間は常に5年を超えることはできないことになっています。

(2) 共有物分割の流れ

共有物を分割するためには、まずは共有者間の協議により分割を試みる必要がありますが、協議による分割が困難な場合には裁判所による分割を行うことができます。

共有者間の協議による分割は、話し合いによる分割のため、分割方法は現物分割、共同売却又は持分譲渡など自由に決めることができます。最終的に合意に至った分割方法を「共有物分割協議書」という書面にして、各共有者が署名捺印して効力が生じます。

裁判所による共有物分割は、①調停による共有物分割と、②裁判による共有物分割の２種類があります。

調停による共有物分割は、裁判所の調停委員が共有者の間に入って、各共有者の意見を調整しながら進めます。調停委員の介入により協議が成立した場合には、共有物分割協議書に代えて調停調書を作成します。

裁判による共有物分割は共有物分割訴訟ともいい、共有者間での協議が成立しない場合にその分割を裁判所に請求することにより行われます（民法258条）。裁判による分割では原則として現物分割の方法が採用されますが、現物分割が不可能な場合や、現物分割により不動産の価値が著しく低下する可能性がある場合などは、裁判所が競売を命じることができます。

CHAPTER 4

アパートを贈与して生前に承継する

【事例】

○家族構成

父（地主）・母（父の青色事業専従者）・長女（アルバイト）

○　父の所有不動産の大半は土地（駐車場及び底地）、賃貸建物は築古のアパート 1 棟のみ

○　父の賃貸収入は 2,500 万円（うちアパートの家賃収入 400 万円）、長女のアルバイトの給与収入は 100 万円

○　毎年の父の所得税の負担が大きい。

○　毎年の父の賃貸収入から長女に暦年贈与をしているが、大半は相続財産として溜まり続けており、将来の相続税が心配。

○　長女がアルバイト生活のため、父は長女の将来を心配している。

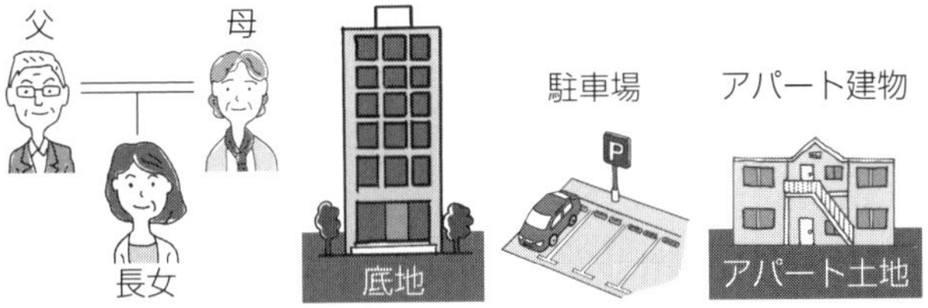

【対策】

○　父から長女にアパートの建物のみを贈与（暦年贈与を選択）する。

○　上記とあわせて、父が預かっている敷金相当額の現金を長女に贈与する

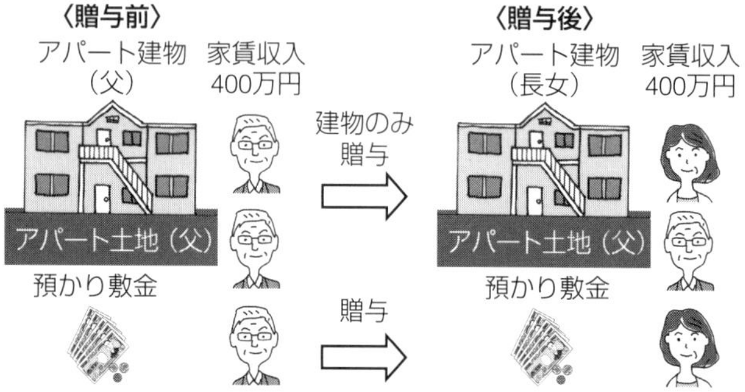

【効果】

⑴　**不動産の承継**

収益性の高いアパートを少ない負担で長女に承継することができ、長女が経済的に安定するようになった。

⑵　**分割対策**

相続人のうち子は長女１人であるため、特に対策は必要なかった。

⑶　**節税対策**

①　父から長女にアパートの家賃収入が移転し、所得分散により家族全体での所得税の負担が軽減した。

②　贈与後はアパートの家賃収入が長女のものとなり、父の賃貸収入の蓄積（相続財産の増加）を抑えられた。

(4) **納税対策**

長女はアパートの家賃収入を貯めて、相続税の納税資金に使えるようになった。

1 賃貸建物のみの贈与による相続税対策

アパートやマンションなどの家賃収入はあくまで建物から生じるため、その建物のみを子や孫などに贈与した場合、その後の家賃収入を丸ごと移転することができ、相続税の節税対策として大きな効果があります。

土地も贈与してしまうと贈与する財産の評価額が大きくなり、贈与税の負担が大きくなります。しかし、賃貸建物のみの贈与、例えば築古のアパートの建物のみの贈与の場合には、贈与税の負担は少なくて済みます。建物のみの贈与であっても、土地と建物を両方贈与した場合と比較して、移転できる家賃収入に差はありません。

賃貸建物を贈与する場合の評価額は、ほとんどの場合で固定資産税評価額の70％となります。賃貸建物の贈与は、比較的少ない税負担で将来の家賃収入を移転できるメリットがあります。

賃貸建物の評価額 ＝ 固定資産税評価額 ×（1 － 30％ × 賃貸割合）

2 家賃収入の移転による所得税対策

所得税は超過累進税率であるため、地主など多数の物件を所有して多額の家賃収入のある不動産オーナーは、所得税の負担が高くなります。

賃貸建物を贈与した場合には、家賃収入を受贈者である子などに移転することができるため、子の所得税の税率が親の所得税の税率よりも低い場合には、所得分散により家族全体の所得税の負担を軽減することができます。

本事例において、仮に、アパートの家賃収入に係る所得が300万円、父の所得税の税率（最高税率部分。以下同じ）が40.84％、子の所得税の税率が5.105％とすると、超過累進税率のため厳密には単純計算とはなりませんが、「300万円×税率の差35.735％＝約107万円」の所得税の負担を毎年軽減することができます。

3 負担付贈与による時価課税に注意

アパートやマンションの場合、不動産オーナーは入居者から敷金を預かっていることが一般的です。

この敷金債務を付けたまま賃貸建物を贈与した場合には、税務上「負担付贈与」に該当し、建物の評価は「固定資産税評価額」ではなく、「通常の取引価額に相当する金額（時価）」を基に行うこととなってしまいます（平元.3.29直評5、直資2-204）。築古のアパートでも収益還元法などで評価すると高い建物時価となる可能性があります。

したがって、この賃貸建物の時価課税を避けるため、賃貸建物の贈与とともに敷金及び保証金相当額の現金も同時に贈与するようにしましょう。

4 建物贈与による敷地の評価額の増加に注意

(1) 敷地は原則として自用地評価

親から子に賃貸建物を贈与した場合には、建物は子、土地は親の所有になりますが、通常は土地の利用について無償（使用貸借）であることがほとんどです。

この場合、原則として親の所有している土地は更地（自用地）として評価することになります。貸家建付地の評価は、基本的に土地建物両方とも同一の個人名義でなければ対象になりません。賃貸建物の贈与後は、土地と建物の所有者が異なるため貸家建付地の評価はできなくなり、親の土地の相続税評価額が上昇して将来の相続税が増加する可能性があります。貸家建付地及び自用地の詳細については、第１章を参照にしてください。

今回の事例では、①上記の賃貸建物の贈与による土地評価額の上昇と移転コスト（贈与税・不動産取得税・登録免許税など）と、②父の平均余命でみた毎年の所得税の節税額及び将来の相続税の節税額の合計額とを比較し、後者の方が大きいと見込まれたため、贈与を実行しました。

(2) 賃借人に変更がない場合の特例

上記のとおり、賃貸建物を贈与すると原則として貸家建付地の評価ができなくなります。しかし、例外として贈与した後も賃借人に変動がない部分に限り、貸家建付地の評価を継続するという取扱いが定められています。つまり、建物が親名義だった期間に賃貸借契約を締結した賃貸部分だけ、按分して貸家建付地の評価をすることができます。

今回の事例において、アパートが6室あったとします。建物贈与後、父の相続までに4室について退去があり賃借人が変更になると、父の相続時に貸家建付地として評価できるのは土地の6分の2までとなってしまい、残りの6分の4は自用地評価となります。

〈贈与後〉

アパート建物（長女）

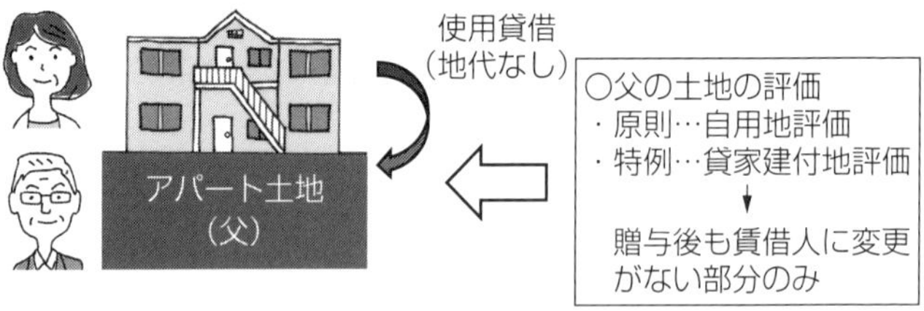

【例】全6室中、2室は賃借人変わらず、4室は変更あり
・土地の6分の2…貸家建付地の評価
・土地の6分の4…自用地評価

この対策として、親族で不動産管理会社を既に所有している場合には、贈与前にその会社とサブリース契約をするという手法があります。賃借人が入れ替わっても直接の契約者は変わらないため、貸家建付地の評価を継続することができます。

5 贈与者と受贈者の所得の状況などを事前に確認

賃貸建物の受贈者である子の給与所得などが高い場合には注意が必要です。贈与後は家賃収入が給与所得などと合算されて税率が高くなり、子の所得税が増加した結果、所得税の節税効果が得られない可能性があります。

また、賃貸建物を贈与すると親の賃貸物件が減少します。状況によっては親が不動産所得の事業的規模（5棟10室基準など）の条件を満たさなくなってしまい、青色申告特別控除（55万円又は65万円）や青色事業専従者給与の特例が使えなくなる可能性もあります。

事前に贈与者である親の不動産賃貸の規模、受贈者である子の他の所得の状況などは確認をしておきましょう。

6 賃貸建物の相続時精算課税贈与は慎重に

賃貸建物を贈与する場合には、暦年贈与又は相続時精算課税贈与を選択することになります。どちらを選択するかは、賃貸建物の評価額、今後の生前贈与の有無、将来の相続財産の規模などにより総合的に判断する必要があります。暦年贈与及び相続時精算課税贈与の詳細については、第1部を参照にしてください。

建物の評価額が高いからといって安易に相続時精算課税贈与を選択すると、撤回ができないため以降の生前贈与が全て将来の相続財産に加算されてしまいます。相続時精算課税贈与については慎重に検討しましょう。

今回の事例では、築古のため建物の評価額が低く、また、今後も相続税対策のために継続して長女が現金贈与を受ける予定があったため、賃貸建物の贈与について暦年贈与を選択しました。

また、賃貸建物の贈与を受けた場合には、贈与税以外にも不動産取得税及び登録免許税（登記費用）がかかりますので事前に見積もっておきましょう。

CHAPTER 5

不動産オーナーの認知症対策（民事信託）

【事例】

○家族構成

父・長男・二男（ともに持ち家あり）

○　父が所有する不動産は、自宅・賃貸ビル・築古アパート・畑。

○　父は自宅と現預金を長男に、賃貸ビル・築古アパート・畑を二男に相続する旨の公正証書遺言を作成しており、長男と二男も納得している。

○　父は脳梗塞を患い、現在は意思判断能力はあるが、急激に物忘れがひどくなっており、賃貸経営に支障をきたしている。

○　第三者から畑を売ってほしいとの依頼があり、売却後の資金で築古アパートを建て替えたいと考えているが、売却から建替えまでが長期となるため、父が認知症となった場合に計画が途中で凍結するリスクがある。

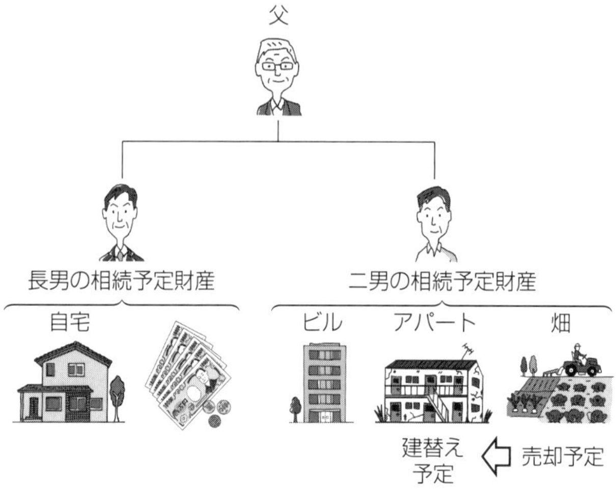

【対策】

父を委託者及び受益者、二男を受託者とする民事信託を締結。

賃貸ビル、築古アパート及び畑を信託財産とし、父の相続時の信託財産の承継者を二男とした。

上記の信託後に父は認知症を発症したが、受託者の二男が畑の売却活動及びアパートの建替えを実行した。

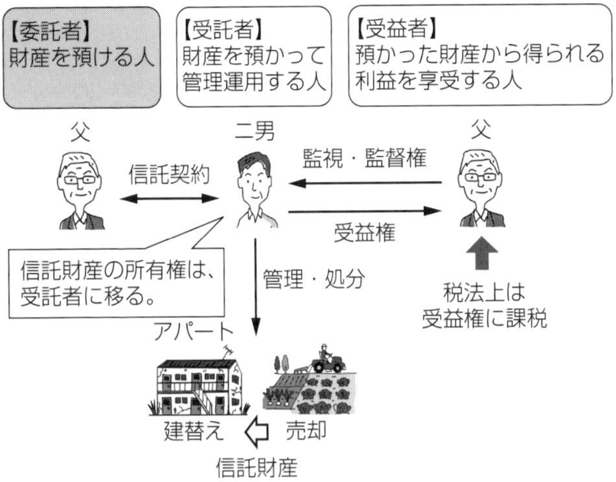

【効果】

(1)　**不動産の承継**

①　二男が賃貸物件の受託者となったため、賃貸借契約や大規模修繕なども父に代わり問題なく行えるようになった。

②　二男が受託者として、認知症の父に代わり畑の売却及びアパートの建替えを行い、賃貸物件全体での収益性をアップすることができた。また、二男が時間をかけて畑の売却交渉ができたため、想定よりも高値で売却することができた。

(2)　**分割対策**

相続時（信託終了時）の財産の帰属者を二男としたため、父の希望どおりの遺産分割を維持できた。

(3) **節税対策**

① 畑の売却代金でアパートの建替え（不動産の組換え）をして、不動産の圧縮効果により相続税評価額が大幅に減少した（CHAPTER 2 参照）。

② 建替えによりアパートの入居率が上昇したため、その敷地について貸家建付地及び小規模宅地等の特例の評価減の適用対象が拡大した（CHAPTER 2 参照）。

(4) **納税対策**

アパートの建替えに充当した後の売却代金の余剰分を、二男の相続税の納税資金とした。

1 民事信託とは

最近では高齢の親の認知症対策として、民事信託が活用されることがあります。民事信託とは、家族間にて信託の仕組みを活用して財産を管理する手法です。

そもそも信託とは、自分の財産を特定の者に信じて託す契約のことをいい、信託の当事者としては、「委託者」、「受託者」、「受益者」の3人が出てきます。

・委託者　…財産を預ける人

・受託者　…財産を預かって管理運用する人

・受益者　…財産から得られる利益を享受する人

財産を預けた際に委託者と受益者が異なる場合、税務上は受益者に贈与税が課税されるため、通常は委託者と受益者が同一人物として設定されるケースがほとんどです。

民事信託の対象とした財産は、形式的な名義が委託者から受託者に変更されます。不動産の場合には法務局にて「信託登記」を行います。名義を持った受託者は、委託者に代わり財産の管理・運用・処分を自由に行うことができます。財産の名義自体を受託者とすることが可能なため、認知症の不安がある親の財産管理を目的として、親が委託者（受益者）、子が受託者となる民事信託を行うケースが増えてきています。

なお、他にも財産を管理する手法として後見人制度がありますが、後見人制度は本人の財産を守ることが目的のため、家族信託と比較して制約がかなり多くなります。合理的な理由がない限り、原則として不動産の建替えや売却などについては認められません。

2 不動産オーナーの認知症対策

不動産オーナーである親が認知症などで意思判断能力を失った場合、原則として家族は親の代わりに法律行為を行うことができません。したがって、入退去に伴う賃貸借契約や管理契約、大規模修繕などを行うことができず、賃貸経営が悪化する恐れがあります。また、不動産の建替えや売却を予定している場合でも、意思判断能力がなくなった後ではこれらを実行することができなくなります。

そのため、不動産オーナーが高齢の場合には、財産管理を目的とする民事信託の活用を検討しましょう。民事信託は契約行為のため、認知症になってしまってから始めることはできません。元気なうちに、あらかじめ将来的に不動産をどうしたいのかを親子で話し合い、早めに対応しておくことが重要です。

民事信託が進まないケースとしては、形式上の名義が受託者（子）に移るため、委託者（親）が難色を示すということが多いです。あくまで民事信託は子が財産管理をするための形式的なものであり、実質的な利益は引き続き受益者（親）に帰属するということを理解してもらうための十分な時間も必要です。

事例では、今後も賃貸経営を継続し、畑の売却・アパートの建替えの予定もあったため、親が認知症になる前に父を委託者及び受益者、二男を受託者とする民事信託を締結しました。これにより、相続前の段階からスムーズな賃貸経営の承継が実現し、売却から建替えまでの一連の計画も中断することなく、承継者である二男が納得のいく価格及び内容で遂行することができました。

3 民事信託の税務上の取扱い

(1) 民事信託の課税関係

信託をしている場合には、税法では原則として「受益者」に課税することとしており、信託財産に帰属する資産、負債、収益及び費用の全てが受益者に帰属するものとして課税関係を考えることになります。

委託者から信託された財産の所有権（名義）は受託者に移転しますが、信託財産は受益者のために管理・運用され、信託財産から生じる収益は最終的に受益者が受け取ります。このように信託財産の実質的な所有者は受益者であるため、原則として、税法では信託財産から生じた収益について、実際に収益を受け取る受益者に対して課税することとしています。

したがって、事例のように、父が二男に委託した信託財産について、畑の売却による譲渡所得、賃貸ビル及びアパートの賃貸による不動産所得は、受益者である父に課税されることになります。

(2) 信託不動産の損益通算禁止

個人の所得税を計算する上で、不動産所得、事業所得、譲渡所得（総合課税）及び山林所得の計算上生じた損失については、原則として他の所得と損益通算することができます。

ただし、民事信託をした場合、その信託財産に係る不動産所得から生じた損失は、他の所得と損益通算できないこととなっています。租税特別措置法41条の4の2においては、「信託財産である不動産から生じた損失は、不動産所得の計算上なかったものとみなす」としており、信託不動産から生じた損失を給与所得などの他の所得と損益通算することができません。また、不動産所得内においても、信託不動産から生じた損失（赤字）と信託不動産以外から生じた所得（黒字）を損益通算することができません。さらには、その信託不動産の損失を翌年以降へ繰り越すこともできません。

したがって、例えば、信託された賃貸建物を大規模修繕したことにより不動産所得が赤字になった場合にも、その赤字はなかったものとみなされます。不動産オーナーが民事信託を活用した際の税務上の大きなデメリットとなるため、信託契約を締結する前に顧問税理士からしっかりと説明をしておくべきでしょう。

(3) 租税回避行為及び税制改正の可能性

民事信託の制度は、所得税、相続税及び贈与税などの租税を減少させることを目的としていません。したがって、あくまで可能性の話ですが、受託者が信託財産を管理・運用・処分等することにより税負担を不当に減少させた場合には、税務署に租税回避行為と認定され、その行為がなかったものとされて追徴税額（附帯税を含む）が課されることがあるかもしれません。インターネット上では、専ら節税のみを目的としたと思われる「民事信託を活用して節税対策をしましょう」というサイトや広告がありますが、これらについては内容をよく確認して、慎重に進めるようにしましょう。

また、民事信託は比較的新しい制度のため、現行の税制では上述した損益通算の禁止を除き、民事信託そのものを規制するような税法上の規定はありません。しかし、今後の税制改正次第では規制される可能性もありますので、民事信託を取り巻く今後の税制にも着目する必要があります。

4 民事信託は専門家がオーダーメイドで作成

民事信託は委託者の特定の財産のみを対象とすることができ、また、信託契約の内容によって受託者の権限に制約を持たせることもできます。また、今回は最も多い事例である認知症対策としての民事信託しか解説していませんが、受益者連続型信託や遺言代用の信託、共有化対策の信託など、他の目的で民事信託を活用するケースもあります。

したがって、何を信託の対象とするか、どのような契約内容とするか、誰を受託者とするかなど、不動産オーナーの個別の事情に応じて税理士・司法書士・弁護士などがチームとなって信託を設計することが重要です。例えば、生前に不動産を売却する予定がなく、単純に賃貸物件の管理運用のみを目的とするのであれば、賃貸建物のみを信託の対象とした方が、土地の信託登記の費用がかからずに割安となります。

民事信託は最終的に司法書士が契約書作成や登記の手続きなどを行いますが、その費用も他の司法書士業務の報酬と比べて高額になるため、費用対効果も考慮しながら信託の設計を進めるようにしましょう。

CHAPTER 6

自己株式を利用して不動産管理会社を承継する

【事例】

○家族構成

・父（被相続人）生前は不動産管理会社（甲社）の代表取締役及び 100 %株主

・長男（相続人）甲社の取締役、相続後の甲社の承継者

・長女（相続人）・二女（相続人）既に嫁いでおり、甲社には関与していない

○　父に相続が発生し、相続財産の相続税評価額は下記のとおりとなっている。

・甲社の株式　2 億円（1 株 20,000 円×10,000 株）

（※）　累積した家賃から現預金が多く、相続時点の株価が高くなっている。

・現預金　3,000 万円

○　遺言がなかったため遺産分割協議を行い、全ての財産について長男が 2 分の 1、長女が 4 分の 1、二女が 4 分の 1 を相続する遺産分割協議を行った。

○　長女及び二女は今後も甲社に関与する予定はないが、相続財産の大半が甲社の株式であったため、やむを得ず株式を分割して相続した。

○　長男は自己資金で納税できるが、長女及び二女は自己資金がなく、相続した現預金だけでは相続税の納税資金

が不足する。

	長男	長女	二女
相続財産			
甲社株式	$\frac{1}{2}$	$\frac{1}{4}$	$\frac{1}{4}$
2億円 (@2万円×10,000株)	1億円 (@2万円×5,000株)	5,000万円 (@2万円×2,500株)	5,000万円 (@2万円×2,500株)
現預金 3,000万円	1,500万円	750万円	750万円
課税価格 2億3,000万円	1億1,500万円	5,750万円	5,750万円
相続税額 3,360万円	1,680万円	840万円	840万円

【対策】

長女及び二女が相続した株式を、相続税の申告期限までに発行会社である甲社に売却した。

売却代金で相続税の納税をしたが、長女及び二女の手元には納税後も十分な現預金が残った。

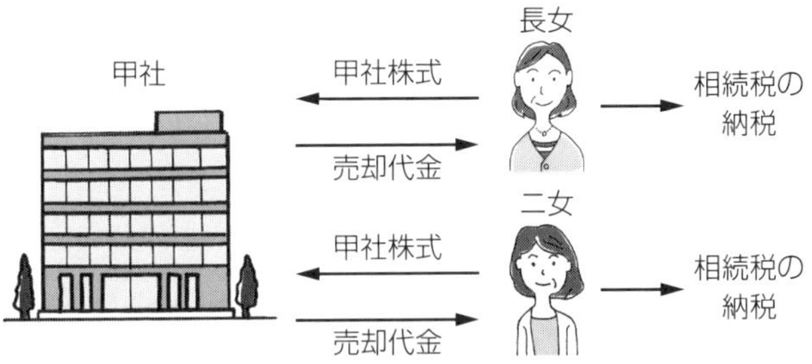

【効果】

⑴　**不動産の承継**

甲社が株式を買い取ったことにより、承継者である長男に持ち株が一本化され、長男は安心して甲社の経営を行うことができるようになった。

⑵　**分割対策**

甲社の株式買取りにより、兄妹の株式の持ち合い状態を解消でき、それぞれの子や孫の代への株式の分散リスクを防止することができた。

⑶　**節税対策**

①　長女及び二女は甲社に株式を売却する際に「みなし配当課税の特例」を適用したため、株式の売却に係る所得税及び住民税の負担を軽減することができた。

②　長女及び二女は甲社の株式を売却する際、①とあわせて「相続税額の取得費加算の特例」を適用し、所得税及び住民税の負担を軽減することができた。

⑷　**納税対策**

長女及び二女は甲社の株式売却後の資金により、相続税の納税ができた。

1　株式の分散を防止

不動産管理会社のオーナーが遺言作成などの相続対策をせず、その会社の株式の大半を所有したまま相続が開始すると、株式が複数の相続人に分散して相続されてしまうことがあります。

株式が分散すると、株主の間で経営方針について意見の調整が難しくなり、場合によっては争いの種となってしまうことがあります。

この場合、会社の承継者を除く、株式を相続した相続人から会社が株式を買い取って自己株式とすることで、株式の分散を防止することができます。会社が取得した自己株式には議決権がないため、結果として承継者の持株割合を高めることができ、スムーズに会社の意思決定をすることができます。

2 納税資金の準備

借入金もなく、家賃収入から蓄積された現金が多額にある不動産管理会社においては、その会社の株価も高くなりやすく、株式を相続する相続人に高額な相続税がかかります。

この場合、相続税の納税資金として自己株式を活用することができます。相続した株式を会社に買い取ってもらい、その売却代金で相続税を納税することができます。

3 株式の売却に係る課税関係（原則）

(1) 株式の売却価額は「時価」による

株主（個人）が発行会社（法人）に株式を売却する場合には、税務上、時価により売却することが求められます。

もし時価よりも低い金額で株式を売却した場合、売主以外の株主の株価（1株当たりの価値）が増加することになり、株式を売却した相続人からその他の株主に対する贈与があったものとして、贈与税が課税されることがあります。また、法人にも「受贈益」があったものとして法人税などが課税されることになります。

特に、時価の２分の１未満での売却は、低額で売却した個人に「みなし譲渡」の規定が適用され、その売却代金ではなく、時価で売却したものとして課税がされます。

時価については、不動産管理会社の株式には取引相場がないため、法人税及び所得税において、「株式の譲渡の日又は譲渡の日に最も近い日におけるその株式の発行法人の１株又は１口当たりの純資産価額等を参酌して通常取引されると認められる価額」によることとしています。具体的には、次によることを条件に、財産評価基本通達による「取引相場のない株式の評価」により算出することが認められています。

○　同族会社に該当するかどうかにおいては、譲渡直前の議決権の数により判定する。
○　株式を譲渡した個人が発行会社にとって中心的な同族株主に該当する場合には、「小会社」に該当するものとして計算する。
○　発行会社が土地（土地の上に存する権利を含む）又は上場有価証券を有しているときは、これらの資産については譲渡時の価額（時価）により評価する。
○　１株当たりの純資産価額の計算に当たり、評価差額に対する法人税等の相当する金額は控除しない。

（所得税基本通達 23～35 共−9、59−6、法人税基本通達 9−1−13、9−1−14）

上記により算出する株式の価額は、相続時におけるその株式の相続税評価額とは異なるため、売却のタイミングで、別途株式の価額の算定が必要となります。

相続で取得した株式を譲渡する者は、発行会社の中心的な同族株主に該当することが多いため、通常は発行会社は小会社としての評価となり、純資産価額方式の価額か、類似業種比準価額方式の価額（50 %）と純資産価額方式の価額（50 %）の合計額との選択になります。

なお、株式の価額の算定に当たり、発行会社である不動産管理会社が土地や上場有価証券を保有している場合には、これらの財産は相続税評価額そのものではなく、譲渡時の時価とされるため、時価と相続税評価額との乖離の大きい不動産などを所有している場合には、株式の価額が相続税申告における相続税評価額よりも高くなる傾向にあります。

(2) みなし配当課税に注意

個人が発行会社に株式を譲渡した場合には、原則として「みなし配当課税」がなされるため注意が必要です。

発行会社が株主に支払う対価については、税務上、一部は資本の払戻し、一部は会社が蓄積した利益の分配と考えられます。その対価のうち資本金等の額を超える部分については配当とみなされ、資本金等の額に相当する部分は株式の譲渡とされて、株式の取得費との差額は株式の譲渡損益となります。

発行会社が株式の購入対価を支払う際には、配当とみなされる金額に対して 20.42 %の源泉徴収を行います。配当とみなされる金額については、株主個人では配当所得として総合課税がされ、配当控除を行います。

総合課税される場合の所得税は、5.105％～45.945％の超過累進税率となり、さらに住民税も10％課税されるため、配当とみなされる金額が大きい場合には、その税負担も重くなります。

【みなし配当額】

$$自己株式の譲渡対価 - \frac{資本金等の額}{発行済株式総数} \times 譲渡した株式数$$

【株式等に係る譲渡所得等の金額】

$$\left(\begin{array}{l}自己株式の\\譲渡対価\end{array} - みなし配当額\right) - \begin{array}{l}譲渡した\\株式の取得費\end{array}$$

4　相続から一定期間内に売却した場合の特例

(1)　みなし配当課税の特例

上述したとおり、本来、発行会社に株式を譲渡した場合には、その株主にみなし配当課税がされ、ほとんどの場合は多額の所得税・住民税がかかります。しかし、所定の手続きを行い、相続した株式を一定期間内に発行会社に譲渡した場合には、対価の全額が株式の譲渡として譲渡所得課税の対象となり、株主個人にみなし配当課税が行われないこととなっています。

具体的には、相続又は遺贈により非上場株式を取得した個人で納付すべき相続税額がある者が、その相続の開始があった日の翌日から相続税の申告期限の翌日以後3年以内にその非上場株式を発行会社に譲渡した場合は、みなし配当課税を行わず、譲渡対価の全額が株式等に係る譲渡所得の収入金額として課税されます。

株式等に係る譲渡所得等の金額に対する税率は、所得税15.315％、住民税5％の合計20.315％のため、みなし配当課税がされた場合と比較して、税負担が大幅に軽減されます。

【株式等に係る譲渡所得等の金額】

自己株式の譲渡対価 － 譲渡した株式の取得費

ただし、みなし配当課税の特例については「相続又は遺贈により財産を取得して相続税を課税された者」しか対象になりません。

したがって、例えば、配偶者が不動産管理会社の株式を相続により取得して「配偶者の税額軽減」の適用により相続税を納付しなかった場合には、その発行会社に株式を売却したとしてもみなし配当課税の特例が使えず、配当とみなされる金額について総合課税とされるため注意が必要です。

(2) 相続税額の取得費加算の特例

(1)のみなし配当課税の特例と同様、相続の開始があった日の翌日から相続税の申告期限の翌日以後3年以内に相続した株式を売却した場合には、株式等に係る譲渡所得の金額の計算上、相続税の取得費加算の特例も適用することができます（租税特別措置法39条）。

株式を相続する際に支払った相続税額のうち、今回譲渡した株式に対応する部分については譲渡所得の取得費に加算することができるため、株式を譲渡する際の譲渡税（所得税・住民税）の負担を軽減することができます。

【相続税の取得費加算の特例】

譲渡所得の金額＝収入金額－（取得費＋相続税の取得費加算額(※)＋譲渡費用）

⇧

$$\text{資産を譲渡した者の相続税額} \times \frac{\text{譲渡資産について相続税の課税価格の計算の基礎に算入された価格}}{\text{その者の相続税の課税価格}+\text{その者の債務控除額}}$$

（※）　加算額は譲渡益相当額が限度となります。

(3)　計算例

今回の事例を基にした次の前提で、長女が2,500株の全てを発行会社である甲社に売却した場合に、「原則の場合」と「みなし配当課税の特例の場合」とで、長女が負担する税額が異なることを解説します。

解説を分かりやすくするため一部簡略化している部分があり、実際に納付する税額とは異なりますが、原則と特例の税負担の差を確認してください。

① 前提

○ 長女の甲社株式の譲渡対価（時価）

6,000万円（@24,000円×2,500株）

○ 長女の甲社株式の取得価額　250万円（@1,000円×2,500株）

○ 甲社の資本金　1,000万円（資本剰余金はなし）

○ 甲社の発行済株式総数　10,000株

○ 甲社の利益積立金　2億3,000万円

長女の所得控除及び配当控除については考慮していません。実際の長女の確定申告等における税額計算ではこれらの適用があります。

相続税額の取得費加算の特例の適用があるものとして計算しております。

② 原則の場合

(i) みなし配当額

6,000万円－250万円(※)＝5,750万円

（※） 1,000万円×2,500株／10,000株＝250万円

(ii) 株式等に係る譲渡所得等の金額

（6,000万円－5,750万円）－250万円＝0円

(iii) 所得税

5,750万円×45.945％－4,896,716円＝約2,152万円

(iv) 住民税

5,750万円×10％＝575万円

(v) 合計税額

約2,727万円

③　特例の場合

(i)　みなし配当額

なし

(ii)　株式等に係る譲渡所得等の金額

6,000万円－{(300万円(※1)＋730万円(※2)}＝4,970万円

（※1）　概算取得費

6,000万円×5％＝300万円＞250万円　∴300万円

（※2）　相続税額の取得費加算額

840万円×5,000万円／5,750万円＝約730万円

(iii)　所得税

4,970万円×15.315％＝約761万円

(iv)　住民税

4,970万円×5％＝約249万円

(v)　合計税額

<u>約1,010万円</u>

5　その他の留意点

(1)　財源規制などに注意

当たり前ですが、発行会社にお金がなければ自己株式を買い取ることができません。したがって、相続までに十分な時間を確保して会社に買取り資金の準備を進めておきましょう。

また、発行会社に資金があったとしても、無制限に自己株式を買い取れるわけではありません。会社法では、債権者を保護するために発行会社が自己株式を買い取る場合の「財源規制」が規定されています。

具体的には、買取り時点の「分配可能額」の範囲内でしか、発行会社は自己株式を買い取ることはできません（会社法461条Ⅰ）。分配可能額は、細かなことを除いていえば、「剰余金の額」と一致します（会社法446条、会社計算規則149条）。自己株式を買い取る際には、買取り金額の総額が分配可能額の枠内であるかどうかを確認しましょう。

> 剰余金の額 ＝ その他資本剰余金の額
> ＋ その他利益剰余金の額

実務上は、直近の決算日における剰余金の額に、買取り時点までに行った剰余金の配当などの一定取引の調整をして、買取り時点の剰余金の額を算出します。

(2) みなし配当課税の特例には事前手続きが必要

みなし配当課税の特例を受けるためには、「相続財産に係る非上場株式をその発行会社に譲渡した場合のみなし配当課税の特例に関する届出書」に所定の事項を記載の上、発行会社に株式を売却する時までに、株主（譲渡人）が発行会社に提出する必要があります。

また、この届出書の提出を受けて自己株式を取得した発行会社は、取得の日の属する年の翌年1月31日までに、上記の届出書を所轄税務署長に提出しなければなりません。

(3) 生前の分割対策も重要

今回の事例では、長男が不動産管理会社を承継することについて長女及び二女が合意していたため、対策の方法を採ることができました。しかし、現実には自己株式の買取り価格をめぐって争いになったり、長女と二女が結託して不動産管理会社の経営に参加しようとしたりするリスクもあります。

公正証書遺言を作成して、過半数の株式を承継者である長男に相続させるなど、生前から分割対策もあわせて行っておく必要があります。

6 会社の資金を個人の納税資金とする方法

今回の事例のように、会社には十分な資金があっても、相続人個人では相続税の納税資金が不足している場合があります。この場合に、自己株式を活用する以外にはどのような方法があるか、その主なものを解説します。

(1) 死亡退職金を支給する

法人が役員の死亡により遺族に対して退職金を支払った場合には、法人では適正額の範囲内で損金に計上することができ、また、相続人が受け取った退職金は一定の金額まで相続税が課税されません。この非課税限度額の範囲で会社から退職金を受け取ることができれば、税負担がなく相続税の納税に充当することができます。

① 相続税の課税関係

被相続人の死亡後3年以内に支給額が確定した退職手当金等（死亡退職金）は、相続財産とみなされて相続税の課税対象となります。ただし、相続人が受け取る死亡退職金については、下記の非課税限度額まで相続税が課税されません。

死亡退職金の非課税限度額 ＝ 500万円
× 法定相続人の数（※）

（※） 法定相続人の数は、養子については、被相続人に実子がいる場合には1人まで、実子がいない場合には2人までとします。また、相続の放棄があった場合には、その放棄がなかったものとした場合の数となります。

② 法人税の課税関係

役員に支給する退職金は、株主総会などの決議を経て支給額を決定します。しかし、法人税法34条2項では、その役員の業務に従事した期間、その退職の事情、類似する法人の退職金の支給状況などに照らし不相当に高額と認められる部分については、損金に算入することができないこととしています。

役員に支給する退職金についての適正額は、一般的には下記の功績倍率法により算出されています。過去の判例によると、創業者の功績倍率は3倍までであれば認められることが多いようです。

役員退職金の適正額 ＝ 最終報酬月額 × 勤続年数
× 功績倍率

(2)　相続した賃貸物件を会社に売却する

相続人が相続により取得した不動産を不動産管理会社に売却すれば、相続人は会社から受け取った売却代金を相続税の納税資金に充てることができます。この場合には同族会社に対する譲渡となるため、時価による売買が求められます。会社に不動産を一括購入する資金がない場合には、会社が金融機関から借入れをすることも検討しましょう。

売却した個人で譲渡益が発生した場合には、譲渡税（所得税・住民税）の負担がありますが、4(2)と同様、相続の開始があった日の翌日から相続税の申告期限の翌日以後3年以内に相続した不動産を売却した場合には、譲渡所得の金額の計算上、相続税の取得費加算の特例も適用することができます。なお、購入した法人では、不動産取得税や登録免許税などの負担があります。

相続後の相続人の所得の状況によりますが、所得税などの節税効果などを考慮して、会社に売却する不動産は賃貸物件とするのが一般的です。

(3)　会社から納税資金を借りる

相続人が不動産管理会社から一時的に資金を借り入れて、今後その会社から支給される給与の手取り額などから少しずつ返済していく方法もあります。

税務上、役員又は使用人が会社から金銭の借入れをした場合には、会社に利息を支払う必要があります。その利息相当額は、下記のとおりです。もし無利息又は低い利率で金銭の借入れをした場合には、原則として、下記の利率で計算した利息の額と実際に支払う利息の額との差額が給与として課税されます。

①　会社が他の金融機関などから借り入れて貸し付けた場合

その借入金の利率

②　その他の場合

貸付けを行った日の属する年に応じた次に掲げる利率（所得税基本通達36-49、租税特別措置法93条2項）

・平成30年～令和2年中に貸付けを行ったもの…1.6％

・令和3年中に貸付けを行ったもの…1.0％

・令和4年中に貸付けを行ったもの…0.9％

CHAPTER 7

会社を清算して株式分散リスクを解消する

【事例】

○　不動産管理会社（甲社）が賃貸ビルの土地建物を所有している。

○　甲社の株式は長男・二男・三男・四男がそれぞれ5,000株ずつ所有しており、長男が代表取締役、他の3名も取締役として全員が役員給与を受け取っている。

○　長男・二男・三男・四男はいずれも高齢になっており、それぞれに子がいるが承継予定はない。

○　賃貸ビルの不動産価値が高いため、ビルを所有する甲社の株価も高くなっており、株主に相続が発生した場合には相続税の納税資金が不足する

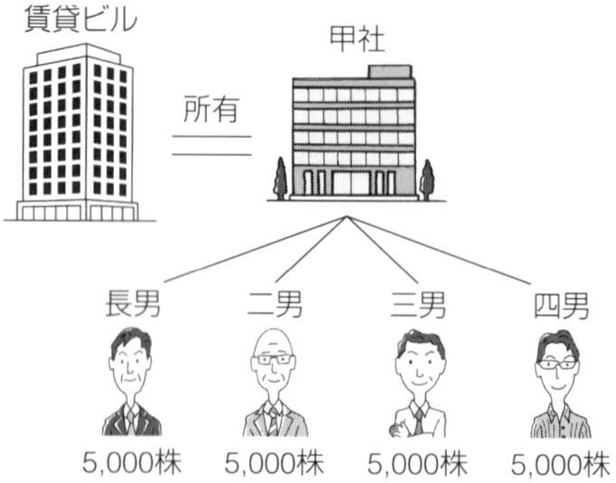

※長男、二男、三男、四男はいずれも甲社の役員

【対策】

甲社は賃貸ビルを売却し、売却代金から役員全員に退職金を支給。

退職金支給後は甲社を解散し、残余財産を株主に分配して清算した。

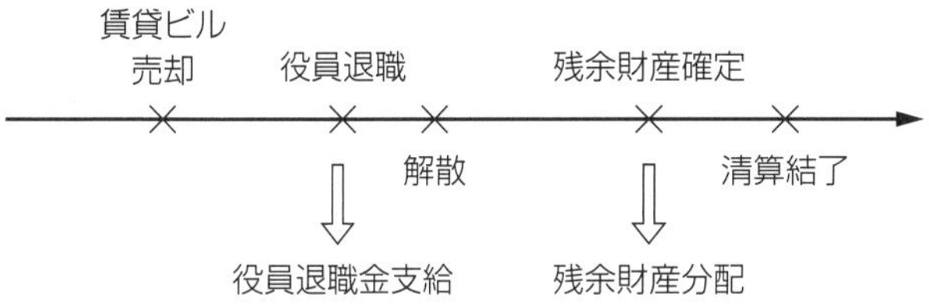

【効果】

(1)　**不動産の承継**

相続後に相続税の納税のための売り急ぎ状態になることなく、兄弟全員が納得する価格で、時間をかけて賃貸ビルを売却することができた。

(2)　**分割対策**

甲社を解散して残余財産を分配したことにより、兄弟間における株式の分散状態を解消できたため、子や孫の代へのさらなる株式の分散を防止することができた。

(3)　**節税対策**

①　甲社では役員退職金の支給により損金を計上し、賃貸ビルの売却益に対する法人税等の負担を軽減することができた。

②　個人では役員退職金を受給した後で残余財産の分配を受けたため、みなし配当課税に対する所得税及び住

民税の負担を軽減することができた。

(4) **納税対策**

清算により個人で所有していた甲社株式が現預金となり、将来の相続税の納税資金を準備できた。

1 清算により株式の分散状態を解消

不動産管理会社の株式を兄弟で均等に相続し、そのままの状態が何十年と続いているケースがあります。株式の分散化によるリスクは **CHAPTER 6** にて解説したとおりですが、兄弟が仲良くできていれば、特に問題が起こることなく会社を経営できていることもあります。

しかし、役員及び株主が高齢化して次回の相続を意識するタイミングになると、問題が表面化してきます。株主の1人に相続が発生すると、株式がその配偶者や子に分散して相続されてしまい、意見の調整が難しくなります。

CHAPTER 6 のように、株主の1人が承継を希望し、その株主又は会社そのものに他の株主の株式を買い取るための十分な資金があればよいですが、そうでない場合には会社を清算するという選択肢があります。会社を清算するためにはまず解散の決議が必要ですが、これは特別決議となるため、議決権の3分の2以上の賛成が必要です。したがって、清算をする場合であっても、意見を統一しやすい兄弟の代で行っておいた方がよいといえます。

2 会社の解散から清算までの手続き

会社を清算するまでには、おおまかに、会社において、①解散、②資産の換価又は債務の弁済、③残余財産の分配、④清算結了を行う流れになります。株主総会や債権者に対する公告、登記などの法務上の手続きについては通常司法書士が行うため、ここでは税務上の手続きを解説します（以下、残余財産の一部を分配するケースは除きます）。

【事業年度の取扱い及び各申告書・届出書の提出】

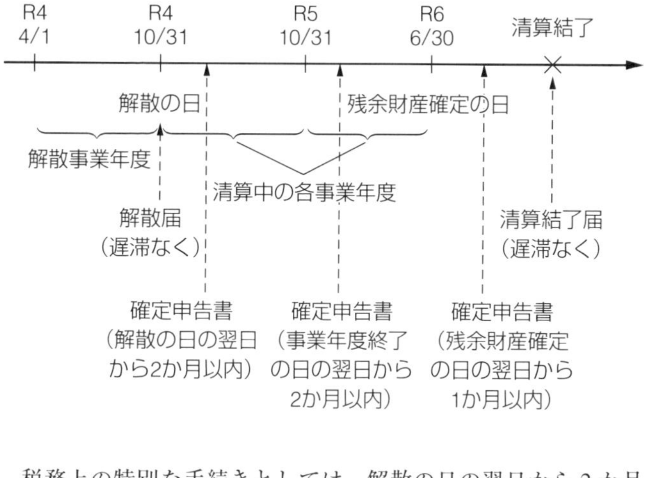

税務上の特別な手続きとしては、解散の日の翌日から2か月以内に「解散事業年度の確定申告書」の提出が必要となります。また、残余財産の確定までが長期間となった場合、解散の日の翌日から1年間経過するごとに、清算中の各事業年度が終了するため、その終了の日の翌日から2か月以内に「清算事業年度予納申告書」の提出が必要となります。最終的に残余財産が確

定した場合には、その確定の日の翌日から1か月以内に「清算確定申告書」の提出が必要となります。

また、解散時には「解散届」、清算結了時には「清算結了届」を遅滞なく所轄税務署に提出することになっています。

なお、上記の申告書及び届出書については特別な様式があるわけではないため、通常の申告書及び別表、異動届出書の様式を用いて作成することとなります。

3 残余財産の分配に対する課税

会社の清算に当たり、株主に対する残余財産の分配があった場合には、**CHAPTER 6** の自己株式の取得の取扱いと同様、一部は資本の払戻し、一部は会社が蓄積した利益の分配と考えられます。分配を受けた額のうち、資本金等の額を超える部分については配当とみなされ、資本金等の額に相当する部分は株式の譲渡とされて、株式の取得費との差額は株式の譲渡損益となります。

清算会社が残余財産の分配を行う際には、配当とみなされる金額に対して20.42 %の源泉徴収を行います。配当とみなされる金額については、株主個人では配当所得として総合課税され、配当控除を行います。総合課税される場合の所得税は、5.105 %～45.945 %の超過累進税率となり、さらに住民税も10 %課税されるため、配当とみなされる金額が大きい場合には、その税負担も重くなります。

【配当所得の金額】

$$\text{残余財産分配額} - \frac{\text{資本金等の額}}{\text{発行済株式総数}} \times \text{所有株数}$$

【株式等に係る譲渡所得等の金額】

$$\left(\text{残余財産分配額} - \text{みなし配当額}\right) - \text{譲渡した株式の取得費}$$

4 役員退職金の支給により税負担を軽減

(1) 会社の不動産売却益と相殺

親の代から長期間保有している賃貸ビルなど、含み益のある不動産を会社が売却した場合には、その売却益に対して会社には法人税・住民税・事業税（以下「法人税等」）がかかります。財務省の公表では、法人税・地方税の法人実効税率は29.74％（平成30年度）とされています。また、売却した会社が消費税の課税事業者である場合には、建物の売却対価について消費税もかかります。

この売却益に対する法人税等の負担を軽減する方法として、役員に退職金を支給する方法があります。役員に支給する退職金については、**CHAPTER 6** **6**で解説したとおり、功績倍率法などにより算定した適正額までは会社の損金に算入することができるため、不動産の売却益が発生した事業年度で役員に退職金を支給すると、売却益と相殺されて法人税等の負担を軽減することができます。また、不動産の売却により多額の退職金を支払うための原資を作ることができます。

(2) みなし配当課税を少なくする

会社の残余財産の金額が資本金等の額を超える場合には、分配を受けた株主個人においてみなし配当課税がされますが、上述したとおり、みなし配当額については総合課税となり超過累進税率で課税されるため、多額の税負担が発生することがあります。

そこで、役員に退職金を支払って残余財産の額を少なくしておけば、みなし配当課税される金額も少なくて済みます。役員が受け取る退職金に対する課税は、みなし配当課税に対する配当所得の課税よりも優遇されているため、役員と株主が同一の場合には残余財産の一部を退職金として受け取ることにより、個人に対する税負担を軽減することができます。

退職金に係る所得は退職所得とされ、退職金の額から、勤続年数に応じた退職所得控除額を控除した残額の2分の1が退職所得の金額となります。また、退職所得は、配当所得のように他の所得と合算して超過累進税率が適用されるのではなく、他の所得とは分離して所得税等が計算されます。

【退職所得の金額】

① 収入金額

② 退職所得控除額

③ (①−②) × $\frac{1}{2}$(注) ＝ 退職所得の金額

(注) 勤続年数5年以下の役員等に係る退職手当等（特定役員退職手当等）は2分の1をしない。

【退職所得控除額】

勤続年数（A）	退職所得控除額
20 年以下	40 万円 ×（A）（最低 80 万円）
20 年超	800万円 ＋ 70万円 ×（(A) － 20年）

（注） 勤続年数の 1 年未満の端数は切り上げる。

5 不動産 M&A の検討

事例では、不動産管理会社が所有する不動産を売却し、清算して株主に分配する方法を紹介しましたが、同様のケースで近年注目を集めているのが、「不動産 M&A」という手法です。企業間の事業の取得を目的として株式売買が行われる一般的な M&A とは異なり、買主はあくまでその会社が所有している不動産の取得が目的であるため、不動産 M&A と呼ばれています。

不動産 M&A では、不動産管理会社が所有する不動産を、その会社の株式売買によって売主から買主に移動させます。M&A の仕組みを利用して、不動産を所有する会社ごと売買することで、不動産を単純に売買するよりも税負担を軽減できるというメリットがあります。

上述したとおり、不動産管理会社が含み益のある不動産を売却した場合、売却益に法人税等が課税されます。前出の財務省公表の法人実効税率は 29.74 %ですが、法人所得により税率は変動します。さらに売却後の資金を株主に還元するためには残余財産の分配をすることとなりますが、最高税率 45.945 %の所得税の超過累進税率（及び住民税の 10 %の税率）の対象となります。したがって、最終的な株主の手取額が不動産の売却価額の半分以下になってしまうこともあります。

しかし、不動産M&Aをした場合には、会社の不動産を売却したわけではないため、法人税等や消費税は課税されません。株主個人の株式の売却益に対して所得税・住民税が合計20.315%課税されるのみとなり、手取額は株式の売却価額の約80%となります。したがって、税金の負担だけでいえば、会社が所有する不動産を売却してそれを株主に還元するよりも、その会社の株式そのものを売却する不動産M&Aの方が有利となります。

このように税務上のメリットがある不動産M&Aですが、デメリットもあります。不動産M&Aは買主が限定されるため、通常の不動産売却と比較して売却完了までに長い期間を要します。また、一般的にはM&Aの仲介業者に対する報酬がかかり、株式の売却価額も不動産そのものを売却する場合よりも低くなります。したがって、税務上のメリットだけでなく、最終的な手取り額や株主の状況などを考慮した上で判断するようにしましょう。

〈会社清算の場合〉

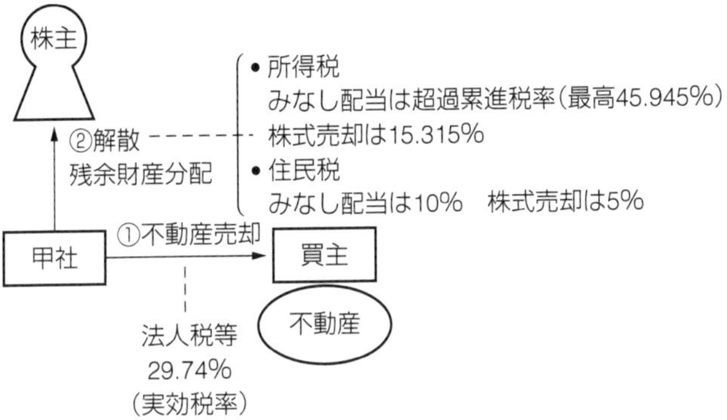

〈不動産M&Aの場合〉

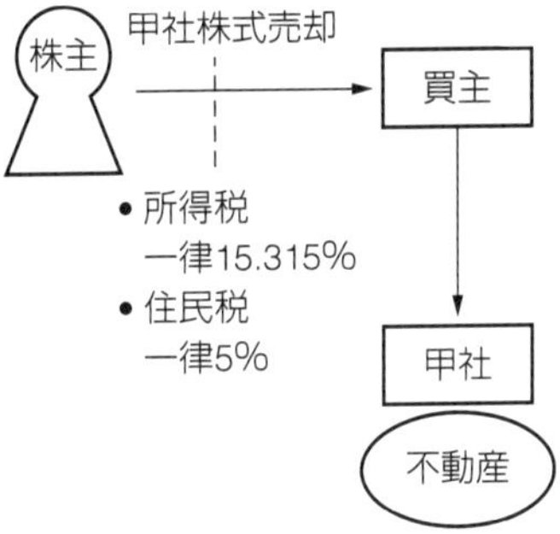

【著者プロフィール】

石渡 芳徳・藤井 幹久

マルイシ税理士法人　代表社員税理士

マルイシ税理士法人は「不動産と相続」の専門家集団として、弁護士等の他士業や不動産の専門家と協業しながら、不動産オーナーである個人と法人の様々な問題解決に努めている。

「税経通信（税務経理協会）」において、『不動産と相続のエキスパート事務所』として特集されるなど、その専門性の高さと実績を注目されている税理士法人である。

主な業務：不動産税務、相続税申告、相続・事業承継対策

執筆協力者：所属税理士　鈴木 雅人

マルイシ税理士法人　▶ https://maruishi-tax.jp/
マルイシメディア　▶ https://maruishi-media.jp/

不動産オーナーの相続&事業承継対策
事例でわかる手法と税務の基礎

2023年5月25日　初版発行

著　者　マルイシ税理士法人

発行者　大坪克行

発行所　株式会社 税務経理協会
〒161-0033東京都新宿区下落合1丁目1番3号
http://www.zeikei.co.jp
03-6304-0505

印　刷　美研プリンティング株式会社

製　本　牧製本印刷株式会社

デザイン　原宗男(カバー,イラスト)

編　集　中村謙一

本書についての
ご意見・ご感想はコチラ

http://www.zeikei.co.jp/contact/

ISBN 978-4-419-06899-8　C3034